L'essentiel de l'allemand

POUR

LES NULS

L'essentiel de l'allemand

POUR

LES NULS

Wendy Foster

Paulina Christensen

Anne Fox

Adaptation d'Anne-Claire Brabant

FIRST

Editions

L'essentiel de l'allemand pour les Nuls
Titre de l'édition américaine : *German Essentials for Dummies*.
Publié par
Wiley Publishing, Inc.
111 River Street
Hoboken, NJ 07030 - 5774, USA

12 avenue d'Italie
75013 Paris – France
Tél. : 01 45 16 09 00
Fax : 01 45 16 09 01
www.editionsfirst.fr
www.pourlesnuls.fr

ISBN : 978-2-7540-5190-3
Dépôt légal : août 2013
Imprimé en Italie

Avec la participation d'Anne Blondet
Traduction : Marie-Hélène Corréard
Mise en page et couverture : KN Conception
Correction : Florence Le Grand

Sommaire

Introduction

Vous suivez peut-être des cours d'allemand au collège ou au lycée, ou bien vous souhaitez rafraîchir vos connaissances en allemand parce que vous prévoyez un séjour dans un pays germanophone ? Ce guide est un ouvrage qui vous aidera à faire des progrès en allemand, et vite ! Comment ? Il vous permet de retrouver les points clés de ce que vous devez savoir.

L'essentiel de l'allemand pour les Nuls vous donne accès aux informations pratiques qui vous permettront de bien communiquer en allemand. Vous y trouverez les notions de grammaire qui figurent dans les cours pour débutants. Vous retrouvez sans mal ce que vous voulez savoir afin de vous exprimer, à l'oral comme à l'écrit. Le livre vous guide et vous apprend à converser avec assurance dans les situations quotidiennes.

Alors prenez un bon départ et soyez prêt à parler, écrire, voyager, et surtout, à vous amuser **auf Deutsch** (*en allemand*).

À propos de ce livre

Avec *L'essentiel de l'allemand pour les Nuls*, vous entrez dans le vif du sujet, avec des informations concrètes et suffisamment détaillées pour franchir les obstacles qui empêchent généralement de bien communiquer en allemand. Cet ouvrage présente les grands points de grammaire ainsi que des informations pour communiquer. Sans même que vous ne vous en rendiez compte, votre vocabulaire va s'enrichir au cours de votre croisière à travers ce livre.

Les chapitres sont indépendants, ce qui facilite grandement votre utilisation. Vous pouvez les parcourir à votre guise, en vous concentrant sur vos priorités. Vous pouvez écrémer, ou même laisser tomber la grammaire dont vous n'avez pas besoin. Ce livre est pratique et accessible, que vous cherchiez une synthèse de ce que vous apprenez en cours ou pour réactiver des connaissances acquises il y a un certain temps.

Les conventions utilisées dans ce livre

Pour vous faire progresser le plus en douceur possible, j'utilise quelques conventions dans ce livre. Elles vous permettent de repérer les éléments essentiels dans le texte :

- **En gras** : les mots allemands et les phrases d'exemples ; les terminaisons des verbes ou les désinences des déclinaisons.
- *En italique* : les traductions en français qui accompagnent les mots et les exemples en allemand, ainsi que les termes français qui sont immédiatement suivis d'une définition.

Hypothèses gratuites

En écrivant ce livre, j'ai émis sur votre compte les hypothèses suivantes :

- Vous avez quelques connaissances en allemand, à l'écrit ou à l'oral, datant de vos études secondaires.
- Vous voulez réviser vos connaissances pour passer un examen ou accéder au niveau supérieur lors d'une évaluation.
- Votre objectif est d'améliorer votre connaissance de l'allemand, afin de vous sentir à l'aise aussi bien à l'oral qu'à l'écrit. (Autre possibilité : vous voulez rêver en allemand.)
- Vous êtes enthousiaste à l'idée d'améliorer vos compétences en allemand, parce que c'est une matière que vous étudiez, vous travaillez avec des locuteurs natifs ou vous avez l'intention de voyager dans un pays germanophone.

Les icônes utilisées dans ce livre

Les icônes se trouvent dans la marge de gauche. Considérez-les comme des balises lors de votre voyage à travers ce livre. Voici leurs significations :

Faites attention à ces points clés. Voyez les similitudes et les différences entre l'allemand et le français, et observez des modèles qui vous permettent de construire des phrases allemandes qui ont du sens.

Cette icône vous signale les informations clés qu'il est important de retenir. Vous devez garder ces informations à l'esprit, car vous les utiliserez sans cesse.

Des conseils utiles qui vous permettent d'être plus à l'aise en allemand ; pensez à les consulter quand vous voyez cette icône.

Et maintenant ?

Pour commencer, jetez un coup d'œil au sommaire. Sélectionnez un chapitre qui pique votre curiosité et allez à la page correspondante. Travaillez à votre rythme, en suivant l'ordre qui vous plaît : chaque chapitre traite d'un thème. Laissez tomber les sections pour lesquelles vous n'êtes pas encore prêt pour l'instant. Mais rien ne vous empêche d'avancer de façon linéaire, si vous le souhaitez. L'essentiel est que le processus d'assimilation des concepts de base vous convienne.

Le chapitre 1 vous rappelle les bases de l'allemand et c'est un bon point de départ pour vous assurer que vous connaissez les thèmes et le vocabulaire de base. Sinon, flânez à votre guise, à votre rythme. Sautez les sections qui vous semblent trop avancées ou dont vous n'avez pas besoin. Le plus important, surtout, lorsque vous parcourez ce livre : **Viel Spaß!** (*Amusez-vous bien !*)

Voyons, « informer », c'est « informieren », « réparer », c'est « reparieren », « rénover », c'est « renovieren »... J'ai l'impression que l'allemand, c'est juste du français avec « -ieren » à la place de « -er »...

Chapitre 1

Poser les fondations de l'allemand

Dans ce chapitre :

- Compter avec les nombres cardinaux et ordinaux
- Parler des dates et donner l'heure
- Reconnaître les catégories grammaticales

Savoir manipuler les nombres, dire l'heure ou donner la date sont des compétences essentielles. Comprendre les catégories grammaticales vous donnera un avantage à l'écrit comme à l'oral.

Jongler avec les chiffres

Vous rencontrez les nombres, cardinaux et ordinaux, dans toutes sortes de situations. Les *nombres cardinaux* sont indispensables pour compter, pour donner un prix, un numéro de téléphone, pour parler de la date ou de l'heure. Les *nombres ordinaux*, comme premier, deuxième et troisième, servent à indiquer un étage, ou bien à expliquer quelle rue prendre (*prenez la troisième rue à gauche*). Les sections ci-dessous vous expliquent en détail comment employer ces deux types de nombres.

1-2-3 : compter sur les nombres cardinaux

Le tableau 1-1 rassemble les nombres de 1 à 29. Notez bien les informations suivantes à propos des nombres à partir de 21 :

- Ils s'écrivent en un seul mot : **einundzwanzig** (21), **zweiundzwanzig** (22), etc.
- Ils suivent la règle de la charrue avant les bœufs – c'est-à-dire que l'on dit les unités avant les dizaines, en reliant les éléments avec **und** (*et*) : par exemple, **vierundzwanzig** (24 ; littéralement : *quatre et vingt*).

Tableau 1-1 : Les nombres cardinaux de 1 à 29

Nombres de 0 à 9	*Nombres de 10 à 19*	*Nombres de 20 à 29*
0 **null**	10 **zehn**	20 **zwanzig**
1 **eins**	11 **elf**	21 **einundzwanzig**
2 **zwei**	12 **zwölf**	22 **zweiundzwanzig**
3 **drei**	13 **dreizehn**	23 **dreiundzwanzig**
4 **vier**	14 **vierzehn**	24 **vierundzwanzig**
5 **fünf**	15 **fünfzehn**	25 **fünfundzwanzig**
6 **sechs**	16 **sechzehn**	26 **sechsundzwanzig**
7 **sieben**	17 **siebzehn**	27 **siebenundzwanzig**
8 **acht**	18 **achtzehn**	28 **achtundzwanzig**
9 **neun**	19 **neunzehn**	29 **neunundzwanzig**

ASTUCE

À l'oral, on utilise fréquemment **zwo** à la place de **zwei**, ce qui évite de confondre – à l'oreille – avec **drei**. Pour vérifier que vous avez bien entendu **zwei** et non pas **drei** dans des chiffres de cartes de crédit, des prix, des numéros de téléphone, des numéros de chambre, etc., demandez simplement ou répétez le(s) nombre(s) en disant **zwo**. Dites, par exemple : **Ich wiederhole vier-zwo-acht** (*Je répète quatre-deux-huit*). Si vous n'êtes toujours pas sûr des nombres, même après les avoir répétés à votre interlocuteur, essayez un moyen infaillible, demandez qu'on vous les communique par e-mail : **E-mailen Sie mir bitte diese Zahlen/Ihre Telefonnummer** (*Envoyez-moi ces chiffres/votre numéro de téléphone par e-mail, s'il vous plaît*). À l'écrit, le chiffre deux est toujours **zwei**.

Le tableau 1-2 regroupe les nombres significatifs entre 30 et 999. Les nombres à deux chiffres suivent le même modèle que les nombres de 21 à 29 du tableau 1-1 : **einunddreißig** (31 ; littéralement : *un et trente*), **zweiunddreißig** (32 ; littéralement : *deux et trente*), et ainsi de suite. Les nombres à plus de deux chiffres observent eux aussi la règle de la charrue avant les bœufs mais pour les unités et les dizaines seulement. Par exemple, pour 384, vous direz **dreihundertvierundachtzig**, ce qui signifie littéralement *trois cent quatre et quatre-vingt.*

Remarquez que 30 s'écrit légèrement différemment des autres multiples de dix (40, 50, etc.). **Dreißig** n'a pas de **z** avant **ig**, contrairement aux autres (**vierzig, fünfzig**, etc.).

Tableau 1-2 : Les nombres cardinaux de 30 à 999

Nombres de 30 à 100	*Nombres de 101 à 114*	*Nombres de 220 à 999*
30 **dreißig**	101 **hunderteins**	220 **zweihundertzwanzig**
40 **vierzig**	102 **hundertzwei**	348 **dreihundertachtundvierzig**
50 **fünfzig**	103 **hundertdrei**	452 **vierhundertzweiundfünfzig**
60 **sechzig**	104 **hundertvier**	573 **fünfhundertdreiundsiebzig**
70 **siebzig**	111 **hundertelf**	641 **sechshunderteinundvierzig**
80 **achtzig**	112 **hundertzwölf**	767 **siebenhundertsiebenundsechzig**
90 **neunzig**	113 **hundertdreizehn**	850 **achthundertfünfzig**
100 **hundert**	114 **hundertvierzehn**	999 **neunhundertneunundneunzig**

ASTUCE

En allemand, comme en français, on donne souvent les numéros de téléphone par groupe de deux chiffres. Il faut alors être très attentif pour ne pas se tromper lorsqu'on écrit. Le numéro 76 20 93 88 se dira **sechsundsiebzig, zwanzig, dreiundneunzig, achtundachtzig** (*six et soixante-dix, vingt, trois et quatre-vingt-dix, huit et quatre-vingt*).

ASTUCE

En particulier à l'oral, vous pouvez utiliser **einhundert** (mot à mot : *un cent*) à la place de **hundert** (*cent*). Cela rend le nombre plus clair pour votre interlocuteur.

Quand vous parlez d'argent, vous pouvez employer les termes suivants pour les noms de billets : imaginez que vous êtes en train d'encaisser 400 € en chèques de voyage et que vous voulez trois billets de 100 € et cinq billets de 20 €. Vous dites **Ich möchte drei Hunderter und fünf Zwanziger** (*J'aimerais trois billets de cent et cinq billets de vingt*). Les mots **Hunderter** et **Zwanziger** sont des noms qui se forment en prenant le nombre, par exemple **hundert**, auquel on ajoute la terminaison **-er** : **hundert** + **-er** = **Hunderter**.

Pour les nombres supérieurs à 999, reportez-vous au tableau 1-3.

Tableau 1-3 : Les nombres cardinaux supérieurs à 999

Nombres en français	*Nombres en allemand*	*Nombres écrits en allemand*
1 000	**1.000**	**tausend** ou **ein tausend**
1 000 000	**1.000.000**	**Million** ou **eine Million**
1 650 000	**1.650.000**	**eine Million sechshundertfünzigtausend**
2 000 000	**2.000.000**	**zwei Millionen**
1 000 000 000	**1.000.000.000**	**eine Milliarde**
2 000 000 000	**2.000.000.000**	**zwei Milliarden**

DIFFÉRENCES

L'espace qui sert, en français, à séparer les tranches de trois chiffres écrits est remplacé par un point en allemand : **Der Mount Everest ist 8.848 Meter hoch**. (*L'Everest a une altitude de 8 848 mètres.*)

ASTUCE

En allemand, de même qu'en français, on utilise la virgule (**Komma**) comme séparateur décimal. 0,3 se lit en allemand **null Komma drei**.

1er, 2e, 3e : ordonner avec les nombres ordinaux

Les nombres ordinaux servent, comme leur nom l'indique, à préciser dans quel ordre les choses arrivent. On utilise les nombres ordinaux dans différentes circonstances, par exemple pour numéroter **die Stockwerke in einem Hotel** (*les étages d'un hôtel*). En allemand, contrairement au français, on les utilise également pour **das Datum** (*la date*).

Les nombres ordinaux fonctionnent comme des adjectifs. Par conséquent, ils ont les terminaisons des adjectifs que l'on utilise habituellement dans les phrases. (Reportez-vous au chapitre 5 pour des renseignements spécifiques sur les adjectifs.) La règle générale pour former les nombres ordinaux est d'ajouter **-te** aux nombres qui vont de 1 à 19 et ensuite **-ste** aux nombres à partir de 20. Par exemple, **Nach der achten Tasse Kaffee ist er am Schreibtisch eingeschlafen** (*Après la huitième tasse de café, il s'est endormi sur le bureau*).

Cette règle comporte trois exceptions : **erste** (*premier*), **dritte** (*troisième*) et **siebte** (*septième*). Par exemple, **Reinhold Messner war der erste Mensch, der den Mount Everest ohne Sauerstoffmaske bestieg** (*Reinhold Messner fut le premier homme à escalader l'Everest sans masque à oxygène*).

Voici deux autres adjectifs à connaître lorsqu'on met des choses en ordre : **letzte** (*dernier*) et **nächste** (*suivant*). Vous pouvez les utiliser pour une séquence de nombres, de gens, de choses :

> **Könnten Sie bitte die letzte Nummer wiederholen?**
> (*Pourriez-vous répéter le dernier chiffre, s'il vous plaît ?*)

Examinez les nombres ordinaux du tableau 1-4. La première colonne montre les nombres ordinaux tels qu'ils s'écrivent en allemand, c'est-à-dire avec un point. Dans la deuxième colonne, les ordinaux sont écrits en toutes lettres, et la troisième montre comment les utiliser pour indiquer la date sous forme de complément de temps, comme dans **Ich bin am 7. Juni geboren.** (*Je suis né(e) le 7 juin* [littéralement : *le septième juin*].)

N.B. : pour formuler l'expression de la date dans les compléments de temps, on utilise **am** + nombre ordinal + **en**. **Am** est la contraction de la préposition **an** (à) + **dem** (l'article défini *le* au datif masculin). Il faut également faire l'accord au datif pour l'adjectif. Pour cela, on ajoute la terminaison **-n** à l'adjectif ; par exemple, pour **erste**, **erste** + **n** = **ersten**.

Tableau 1-4 : Les nombres ordinaux

Nombres en allemand	*En toutes lettres en allemand*	*Complément de temps : le...*
1.	**der erste** (*le premier*)	**am ersten** (*le premier*)
2.	**der zweite** (*le deuxième*)	**am zweiten** (*le deux* [littéralement, *le deuxième*])
3.	**der dritte** (*le troisième*)	**am dritten** (*le trois* [littéralement, *le troisième*])
4.	**der vierte** (*le quatrième*)	**am vierten** (*le quatre* [littéralement, *le quatrième*])
5.	**der fünfte** (*le cinquième*)	**am fünften** (*le cinq* [littéralement, *le cinquième*])
6.	**der sechste** (*le sixième*)	**am sechsten** (*le six* [littéralement, *le sixième*])
7.	**der siebte** (*le septième*)	**am siebten** (*le sept* [littéralement, *le septième*])
18.	**der achtzehnte** (*le dix-huitième*)	**am achtzehnten** (*le dix-huit* [littéralement, *le dix-huitième*])
22.	**der zweiundzwanzigste** (*le vingt-deuxième*)	**am zweiundzwanzigsten** (*le vingt-deux* [littéralement, *le vingt-deuxième*])

Donner la date

Bien connaître les termes allemands pour parler du calendrier, comme vous allez le voir dans les paragraphes suivants, facilite la vie lorsqu'il faut programmer une réunion ou organiser un voyage.

Les jours de la semaine

En allemand, comme en français, *la semaine* (**die Woche**) commence le lundi. Les jours de la semaine sont tous masculins (article **der**) mais on les utilise généralement sans article. N'oubliez pas qu'ils s'écrivent avec une majuscule, comme tous les noms en allemand. Par exemple si vous voulez dire que l'on est lundi : **Heute ist Montag**.

Voici les jours de la semaine, suivis des abréviations habituellement utilisées dans les calendriers :

- **Montag (Mo)** (*lundi*)
- **Dienstag (Di)** (*mardi*)
- **Mittwoch (Mi)** (*mercredi*)
- **Donnerstag (Do)** (*jeudi*)
- **Freitag (Fr)** (*vendredi*)
- **Samstag (Sa)** ou **Sonnabend (Sa)** (*samedi*)
- **Sonntag (So)** (*dimanche*)

N.B. : Il existe deux mots différents pour samedi. **Samstag** est utilisé dans la plus grande partie de l'Allemagne, en Autriche et dans la partie germanophone de la Suisse. **Sonnabend** s'emploie à l'est et au nord de l'Allemagne.

Pour préciser qu'un événement se produit un jour particulier de la semaine, on ajoute un **s** au mot, et il perd sa majuscule. Vous pouvez, par exemple, vous rendre dans un musée ou un restaurant un lundi et trouver porte close ; et vous avez toutes les chances de voir une pancarte signalant **montags geschlossen** (*fermé le lundi*).

Parler des jours : supposons que nous sommes un mardi et que vous vouliez confirmer à quelqu'un le rendez-vous que vous avez prévu avec lui le lendemain. Vous pouvez lui demander si le rendez-vous est toujours valable « mercredi » ou bien « demain ». La liste suivante vous permettra de nommer les jours les uns par rapport aux autres :

- **heute** (aujourd'hui)
- **gestern** (hier)
- **vorgestern** (avant-hier)
- **morgen** (demain)
- **übermorgen** (après-demain)

Pour préciser quand, dans la journée, a lieu un événement, il est possible de combiner les mots de la liste précédente avec ceux que vous trouverez plus loin dans la section « Parler des moments de la journée ». Observez les exemples suivants :

- **heute Morgen** (*ce matin*)
- **heute Vormittag** (*ce matin*)
- **gestern Abend** (*hier soir*)

Nommer les mois

Vous trouverez ci-dessous la liste des mois. Tous les noms de mois sont masculins, ils s'utilisent donc avec l'article **der**. N'oubliez pas qu'ils s'écrivent avec une majuscule :

- **Januar** (*janvier*)
- **Februar** (*février*)
- **März** (*mars*)
- **April** (*avril*)
- **Mai** (*mai*)
- **Juni** (*juin*)
- **Juli** (*juillet*)
- **August** (*août*)
- **September** (*septembre*)
- **Oktober** (*octobre*)
- **November** (*novembre*)
- **Dezember** (*décembre*)

Les phrases suivantes vous montrent comment décrire *le calendrier* (**der Kalender**) en allemand.

Ein Jahr hat 12 Monate. (*Une année a 12 mois.*)

Ein Monat hat 30 oder 31 Tage. (*Un mois a 30 ou 31 jours.*)

Der Februar hat 28 oder 29 Tage. (*Le mois de février a 28 ou 29 jours.*)

Eine Woche hat 7 Tage. (*Une semaine a 7 jours.*)

ASTUCE

Pour dire la date en allemand, on n'utilise que les nombres ordinaux : **der erste Mai** (*le premier mai*), **der zweite Mai** (littéralement *le deuxième mai*), etc. Remarquez qu'en français, on emploie le nombre ordinal « premier » pour le premier jour du mois, puis les nombres cardinaux (deux, etc.) pour les autres jours : le premier mai, le deux mai, etc. Lorsqu'on écrit les dates avec des chiffres en allemand, il faut mettre un point après le nombre, pour indiquer que c'est un ordinal. Observez la phrase suivante : **Der 3. Oktober ist ein Feiertag in Deutschland** (*Le trois octobre* [littéralement : *troisième octobre*] *est un jour férié en Allemagne*). Si vous prononcez cette phrase, vous direz **Der dritte Oktober ist ein Feiertag in Deutschland.**

Dire l'heure

Imaginez que vous êtes assis à l'ombre dans un parc par une belle journée ensoleillée et que vous vous demandez quelle heure il est. Soudain, comme dans *Alice au pays des merveilles*, un lapin blanc s'arrête devant vous, sort une montre du gousset de sa veste à carreaux et bougonne qu'il est en retard. Voici deux façons de lui demander l'heure :

Wie viel Uhr ist es? (*Quelle heure est-il ?* [littéralement, *combien d'heures est-il ?*])

Wie spät ist es? (*Quelle heure est-il ?* [littéralement, *comment tard est-il ?*])

Les locuteurs allemands ont deux systèmes pour donner l'heure : le premier est basé sur 12 heures, le deuxième sur 24 heures. Le système sur 12 heures est utilisé dans la langue courante et celui sur 24 heures pour éviter les malentendus.

Système horaire sur 12 heures

À l'heure pile, la tâche est facile : **Es ist... Uhr.** (*Il est... heures.*)

Bien sûr, il faut préciser le nombre d'heures avant le mot **Uhr : Es ist acht Uhr.** (*Il est huit heures.*)

S'il s'agit d'heures du type « trois heures et quart », « huit heures moins dix » ou « onze heures et demie », cela a l'air un peu complexe mais il suffit en fait de connaître quelques expressions de base.

Pour parler du quart d'heure avant ou après l'heure, on emploie le mot **Viertel** (*quart*) combiné avec le mot **nach** (*après*) ou bien **vor** (*avant*) suivi de l'heure qui convient, comme dans les exemples ci-dessous :

Es ist Viertel nach... (*Il est... et quart*)

Es ist Viertel vor... (*Il est... moins le quart*)

Quand il s'agit de préciser des minutes avant ou après l'heure, on emploie **nach** (*après*) et **vor** (*avant*), comme pour les quarts d'heure :

Es ist fünf vor zwölf. (*Il est midi moins cinq.* [Littéralement, *il est cinq avant douze.*])

Es ist zwanzig nach sechs. (*Il est six heures vingt.* [Littéralement, *il est vingt après six.*])

Pour la demi-heure, c'est un peu plus compliqué. En allemand, le mot **halb** (*demi*) désigne la demi-heure de l'heure à venir, pas de celle qui précède. Ainsi on utilise la phrase **Es ist halb...** (*Il est une demi-heure avant...*) que l'on fait suivre de l'heure qui convient (celle à venir). Ainsi, quand il est 4 h 30, vous direz :

Es ist halb fünf. (*Il est quatre heures et demie.* [Littéralement, *il est demi de cinq.*])

Es ist halb sieben. (*Il est six heures et demie.* [Littéralement, *il est demi de sept.*])

Système horaire sur 24 heures

Toutes sortes d'établissements, banques, magasins, compagnies aériennes, théâtres, musées et cinémas, utilisent le système horaire sur 24 heures. Dans ce système, **Mitternacht** (*minuit*) peut se rencontrer sous la forme **null Uhr** (littéralement, *zéro heure*). Quelle que soit l'heure, elle est exprimée de la même façon qu'on lit une horloge numérique ainsi que le montrent les exemples ci-dessous :

Es ist 15 Uhr dreißig. (*Il est quinze heures trente.*)

Es ist 21 Uhr fünfzehn. (*Il est vingt et une heures quinze.*)

Es ist 22 Uhr vierundvierzig. (*Il est vingt-deux heures quarante-quatre.*)

Es ist null Uhr siebenundreißig. (*Il est minuit trente-sept.*)

Parler des moments de la journée

Il existe plusieurs mots en allemand pour désigner les parties de la journée. Les plages horaires sont données à titre indicatif, elles peuvent varier selon les personnes. Les noctambules et les lève-tôt n'ont pas nécessairement les mêmes références pour le début ou la fin de la journée.

- **der Morgen** (*le matin* ; de 4 heures du matin à midi)
- **der Vormittag** (*la matinée* ; de 9 heures à midi)

- **der Mittag** (*le midi* ; de 12 heures à 14 heures)
- **der Nachmitag** (*l'après-midi* ; de 14 heures à 18 heures)
- **der Abend** (*le soir* ; de 18 heures à minuit)
- **die Nacht** (*la nuit* ; de minuit à 4 heures du matin)

Reconnaître les catégories grammaticales

Pour construire une phrase, vous devez disposer d'un certain nombre d'éléments de base, en l'occurrence : les catégories grammaticales. Les principales catégories grammaticales sont le nom, l'article, le pronom, l'adjectif, le verbe, l'adverbe et la préposition. Les sections suivantes vous présentent tout ce qu'il faut savoir sur chacune d'elles.

Désigner à l'aide des noms et des articles

En allemand, contrairement au français, les noms communs s'écrivent toujours avec une lettre majuscule initiale : **die Rose** (*la rose*).

N'OUBLIEZ PAS

En allemand, il y a trois genres : masculin, féminin et neutre. Et comme en français, le sens du mot ne sert pas souvent à préciser son genre. Il faudra donc mémoriser chaque nom avec son genre. (Reportez-vous au chapitre 2 où vous trouverez des informations supplémentaires sur le genre grammatical.)

Les noms apparaissent souvent en compagnie d'un complice : l'article défini ou indéfini.

Articles définis

Si l'article défini a deux genres en français (*le* – masculin et *la* – féminin), il en a trois en allemand : **der** (masculin), **die** (féminin) et **das** (neutre). La forme à employer dépend bien sûr du genre du nom allemand. **Der** est l'article défini qui s'emploie avec les noms masculins, **die** avec les noms féminins et **das** avec les neutres.

ASTUCE

Lorsque vous rencontrez un nom que vous ne connaissez pas, essayez de voir quel article défini l'accompagne : **der, die** ou **das** ? Autrement dit, essayez de déterminer le genre grammatical du nom. Et efforcez-vous de mémoriser **der Garten** (*le jardin*) plutôt que **Garten** (*jardin*) tout seul, **die Tür** (*la porte*) plutôt que **Tür** (*porte*) et **das Haus** (*la maison*) plutôt que **Haus** (*maison*).

Articles indéfinis

En français, l'article indéfini a aussi deux genres (*un* et *une*). En allemand, il existe trois genres et de fait, trois articles indéfinis. Par chance, les articles indéfinis masculin et neutre ont la même forme **ein**. Ainsi **ein Name** (*un nom*) ou **ein Bier** (*une bière*). Pour les noms féminins, on ajoute un **e** à **ein** pour faire **eine**. Par exemple **eine Nacht** (*une nuit*).

N.B. : La désinence de l'article se modifie en fonction du cas du nom qu'il accompagne. Pour en savoir plus sur les cas, reportez-vous au chapitre 2.

Remplacer par des pronoms

Les pronoms sont un groupe de mots très pratiques qui peuvent se substituer aux noms et faire en sorte qu'on ne répète pas les mêmes mots inutilement. En allemand, comme en français, la forme des pronoms se modifie en fonction de leur rôle dans la phrase. Ainsi, **ich** (*je*) peut devenir **mich** (*me*) ou **mir** (*à moi*). La liste qui suit présente les types de pronoms que vous rencontrerez dans ce livre (reportez-vous au chapitre 2 pour plus de détails sur chaque type de pronom) :

Pronoms personnels

Ils se traduisent par *je, tu, il, elle, nous, vous, ils, elles*, *me, te, se*, etc. Ils sont d'un emploi fréquent en allemand.

Spielst <u>du</u> gern Karten? (*<u>Tu</u> aimes jouer aux cartes ?*)

Ja, <u>ich</u> spiele gern Poker. (*Oui, <u>j'</u>aime jouer au poker.*)

Pronoms relatifs

Vous employez un pronom relatif lorsque vous voulez ajouter des informations à propos d'un nom ou d'un pronom déjà mentionné. Ce groupe comprend les équivalents allemands de *qui, que, quoi, dont,* etc.

> **Ich kenne das Restaurant, das du magst.** (*Je connais le restaurant que tu aimes bien.*)
>
> **Wie gefällt dir den Rock, den ich anhabe?** (*Que penses-tu de la jupe que je porte ?*)

Pronoms démonstratifs

Vous employez les pronoms démonstratifs du type *celui-ci, celle-ci* pour mettre en valeur quelque chose ou quelqu'un dont vous parlez. Les pronoms démonstratifs se traduisent souvent par *il, lui, elle, le, la, les* ou *leur* en allemand.

> **Ist diese Straße relativ ruhig? – Ja, die ist absolut ruhig.** (*Cette rue est-elle relativement calme ? – Oui, elle est parfaitement tranquille.*)
>
> **Wie findest du diesen Wein? Den finde ich ausgezeichnet.** (*Comment trouves-tu ce vin ? Je le trouve excellent.*)

Décrire à l'aide d'adjectifs

Les adjectifs servent à qualifier les noms. En allemand, les adjectifs ont des terminaisons différentes en fonction du genre, du cas (reportez-vous au chapitre 2 pour plus d'informations), et du nombre (singulier ou pluriel) du nom qu'ils accompagnent. Les désinences des adjectifs dépendent aussi de la présence d'un article défini ou indéfini ou de l'absence d'article. Je vous indique comment décliner les adjectifs au chapitre 5.

Expliquer des actions avec les verbes

Les verbes décrivent des actions ou des états. La personne qui effectue l'action est le sujet du verbe, et le verbe se conjugue pour s'accorder avec le sujet. La plupart des verbes allemands ont quatre formes différentes de conjugaison. (Reportez-vous aux chapitres 3, 7 et 8 pour plus d'informations.)

En allemand, la forme de base du verbe est l'infinitif, comme en français. C'est la forme que l'on trouve dans les dictionnaires. Il est possible d'employer l'infinitif dans une phrase, par exemple : **er kann schwimmen** (*il sait nager*). En allemand, l'infinitif se termine généralement par la désinence **-en**, comme dans le verbe **lachen** (*rire*), qui est ajoutée à ce que l'on appelle le *radical*. Le radical de **lachen** est **lach-**. Quelques verbes ont un infinitif qui se termine par **-n**.

Le radical de la plupart des verbes ne se modifie pas et les désinences de ces verbes sont toujours les mêmes. Mais il existe des exceptions à la règle. Lorsque le radical du verbe se termine en **-m**, **-n**, **-d**, ou **-t**, il faut insérer un **-e** avant la désinence pour les pronoms personnels **du**, **er/sie/es** et **ihr**, comme dans **er arbeit-e-t** (*il travaille*).

Modifier avec les adverbes

Les adverbes accompagnent des verbes ou des adjectifs et servent à modifier leur sens. En français, la plupart des adverbes se terminent par *-ment* (par exemple : il joue remarquablement.) En allemand, les adverbes sont souvent identiques aux adjectifs dans leur forme la plus simple, sans désinence spéciale.

Prenons l'exemple de **vorsichtig** (*prudent/prudemment*), qui s'écrit de la même façon, qu'il soit adjectif ou adverbe. Lorsque vous employez **vorsichtig** comme adverbe, son orthographe ne change pas : **Fahren Sie vorsichtig!** (*Conduisez prudemment !*). Toutefois, lorsque vous employez **vorsichtig** comme adjectif dans une phrase, sa forme (son orthographe) change, comme tous les adjectifs allemands lorsqu'ils sont avant un nom : **Sie ist eine vorsichtige Fahrerin!** (*C'est une conductrice prudente !*).

Établir des relations grâce aux prépositions

Une *préposition* est un petit mot qui établit une relation entre un nom ou un verbe et un autre mot ou plusieurs mots dans une phrase. C'est un élément constitutif d'un *groupe prépositionnel* qui commence par une préposition et comporte un article, un nom et éventuellement d'autres mots.

Les prépositions sont des petits compagnons indispensables pour exprimer ce qui suit :

- Le lieu/l'emplacement, avec **in** (*dans*), par exemple : **Es gibt eine Fliege in meiner Suppe**. (*Il y a une mouche dans mon potage.*)
- Le mouvement/la direction, avec **unter** (*sous*) : **Eine Maus läuft unter meinen Stuhl**. (*Une souris passe sous ma chaise en courant.*)
- Des informations sur des relations, avec **trotz** (*malgré*) : **Trotz dieser Überraschungen, schmeckt mir das Essen**. (*Malgré ces surprises, la nourriture est bonne.*)

Des prépositions comme *autour de, avant* et *avec* se combinent avec d'autres mots pour former des groupes prépositionnels qui fournissent des informations sur le lieu (*au coin de la rue*), le moment (*avant midi*), les acteurs (*avec toi*), etc. Les prépositions effectuent une tâche fantastique lorsqu'elles s'associent avec d'autres mots, essentiellement des noms et des verbes, pour créer toutes sortes d'expressions. Mais toutes ces possibilités ont un prix. Les prépositions sont des petites bêtes délicates, plus encore en allemand qu'en français. Elles respectent les règles de grammaire. Pour mieux comprendre les prépositions, reportez-vous au chapitre 5.

Construire des phrases

Les différents constituants d'une phrase ne sont pas jetés ensemble au hasard ; les mots sont ordonnés pour former une séquence logique. L'ordre correct est soumis à certaines règles qui sont expliquées ci-dessous.

Respecter l'ordre des mots

L'ordre ordinaire des mots en allemand ressemble beaucoup à celui du français. Le sujet vient en premier, il est suivi du verbe puis du reste de la phrase. Regardez l'exemple suivant :

Sujet + Verbe + Complément d'objet direct

Meine Freundin + **hat** + **einen Hund.**

Mon amie + a + un chien.

Placer le verbe en deuxième position

Une des choses les plus importantes à mémoriser est la place du verbe dans la phrase en allemand. Dans les phrases autonomes (appelées propositions indépendantes), comme celle ci-dessus, un verbe constitué d'un seul mot est toujours en deuxième position, quoi qu'il arrive. La notion de deuxième position ne signifie pas qu'il s'agit du deuxième mot de la phrase mais du deuxième élément significatif.

Ainsi **meine Freundin**, qui est le sujet de l'exemple ci-dessus, compte deux mots mais il s'agit d'un groupe nominal qui occupe la première position. Dans l'exemple ci-dessous, le verbe est **fahren** (*conduire*), et il respecte la règle de la deuxième position.

Meine Freundin fährt nach Dänemark. (*Mon amie va au Danemark.*)

Et si nous ajoutions des informations ?

Meine Freundin fährt morgen mit dem Zug nach Dänemark. (*Mon amie va au Danemark en train demain.*)

N'OUBLIEZ PAS

En allemand, il est classique de placer la référence temporelle en premier ; elle est suivie par la manière et le lieu, comme vous pouvez le voir d'après l'exemple précédent : **morgen** (*demain*) apparaît en premier ; il est suivi de **mit dem Zug** (*en train*), puis de **nach Dänemark** (*au Danemark*).

Que se passe-t-il si vous commencez la phrase par **morgen**?

Morgen fährt meine Freundin mit dem Zug nach Dänemark. (*Demain mon amie va au Danemark en train.*)

Morgen est en première position, et comme le verbe doit se trouver en deuxième position, le sujet est placé après le verbe. Techniquement, on appelle cette disposition une inversion du verbe ; ce qui signifie simplement que si, dans une phrase, un élément autre que le sujet occupe la première position, il y a inversion.

Mais alors, que se passe-t-il dans le cas de l'affirmation **Meine Freundin hat einen Hund** (de la section précédente) ? Peut-on aussi la bousculer et modifier l'ordre des mots ? Sans problème, à condition que le verbe reste en deuxième position, comme ceci : **Einen Hund hat meine Freundin.** Pourquoi changer l'ordre des mots ? Généralement pour souligner un élément de la phrase. Ainsi, il peut vous arriver d'entendre une conversation de ce genre :

> **Hat deine Schwester einen Hund?** (*Est-ce que ta sœur a un chien ?*)
>
> **– Nein, sie hat eine Katze. Einen Hund hat meine Freundin Heike.** (*– Non, elle a un chat. C'est mon amie Heike qui a un chien.* [Littéralement, *un chien, c'est mon ami Heike qui en a un.*])

Les locuteurs allemands ne s'embrouillent-ils pas à force de bouleverser l'ordre des mots ? C'est ici qu'intervient le (tristement) célèbre système des déclinaisons allemandes (traité au chapitre 2). Les adjectifs et les articles qui accompagnent les noms, et parfois les noms eux-mêmes, ont une terminaison différente selon leur fonction dans la phrase. Et donc, quelle que soit la position d'un nom dans une phrase en allemand, vous pouvez trouver son rôle grâce à la désinence de l'article, du nom lui-même et/ou de l'adjectif.

Placer le verbe en fin de phrase

En général, les propositions subordonnées commencent avec une conjonction de subordination (des mots qui servent à lier des phrases) comme **dass** (*que*), **weil** (*parce que*), **damit** (*pour que*), **obwohl** (*bien que*), **bevor** (*avant que*) et **wenn** (*quand*).

Ces conjonctions de subordination ont un effet sur l'ordre des mots. Elles repoussent le verbe à la fin de la phrase.

Examinez la phrase suivante, qui combine plusieurs idées pour former une structure plus complexe :

> **Wir <u>gehen</u> nicht ins Konzert, weil wir kein Geld <u>haben</u>.**
>
> *(Nous n'allons pas au concert parce que nous n'avons pas d'argent.)*

Le verbe **gehen** (*aller*) se trouve en deuxième position, comme vous pouviez le prévoir, mais le verbe **haben** (*avoir*) de la proposition subordonnée introduite par **weil** se retrouve catapulté à la fin de la phrase.

Chapitre 2

Bien comprendre le genre et le cas des mots

Dans ce chapitre :

- Découvrir les relations entre les articles et le genre
- Employer le bon cas
- Élucider le rôle des pronoms

Lorsque vous étudiez l'allemand, vous ne connaissez réellement un nom que lorsque vous en découvrez les caractéristiques, et en particulier le genre. Ainsi, chaque fois que vous croisez la route d'un nouveau nom, vous devez mémoriser le genre dont il est inséparable. Et ce n'est pas tout.

Pour employer les noms et les pronoms (de même que les adjectifs et les prépositions) en allemand, vous devez savoir comment ils vont ensemble. C'est là qu'intervient le cas. Le cas et le genre sont intimement liés et je les considère comme des pièces de puzzle qui s'emboîtent pour faire des phrases en allemand.

Dans ce chapitre, je vous explique comment le genre et le cas travaillent main dans la main à la production des différentes terminaisons des membres de deux grandes familles de mots : la famille des articles et la famille des pronoms.

Maîtriser le genre

En allemand, il existe trois genres qui permettent de classer les noms ou les pronoms : le masculin (article **der**), le féminin (article **die**) ou le neutre (article **das**). Le genre est une sorte d'étiquette qui se rapporte aux mots, pas à leur sens.

N'OUBLIEZ PAS

À chaque genre en allemand (**der**, **die**, **das**) correspond un pronom personnel sujet à la troisième personne (**er**, **sie**, **es**). Dans de nombreux cas (mais pas tous, comme nous allons le voir tout de suite), les personnes de sexe masculin sont grammaticalement du genre masculin en allemand, et les personnes de sexe féminin sont grammaticalement du genre féminin.

Observez les trois phrases suivantes en allemand :

- **Der neue Deutschlehrer ist Herr Mangold. Ich glaube, er kommt aus Bremen.** (*Le nouveau prof d'allemand est Monsieur Mangold. Je crois qu'il vient de Brême.*) On se réfère, d'un point de vue de la grammaire, à **Herr Mangold** en utilisant **er** (*il*).
- **Kennst du Frau Konrad? Sie ist sehr nett.** (*Connais-tu Madame Konrad ? Elle est très sympa.*) On utilise le pronom personnel sujet **sie** (*elle*) pour parler de Madame Konrad.
- **Siehst du das Mädchen da drüben? Es ist sehr groß.** (*Est-ce que tu vois la fille là-bas ? Elle est très grande.*) *La fille* en allemand est **das Mädchen**, un nom dont le genre est le neutre, comme tous les mots qui se terminent en **-chen**. Ce suffixe indique qu'une personne ou une chose est petite ou jeune. Comme **Mädchen** est neutre, on emploie le pronom personnel sujet **es**. Souvenez-vous, ce n'est qu'une question grammaticale.

L'article défini n'est pas toujours présent dans les phrases. Vous pourrez rencontrer des articles indéfinis ou une absence totale d'article. Les sections ci-dessous vous aideront à déterminer le genre des noms lorsque vous êtes confronté à cette situation. Elles vous expliqueront également comment former le pluriel des noms.

L'article indéfini

Le français a deux articles indéfinis – *un* et *une* – pour accompagner les noms au singulier, et l'allemand en a deux aussi (au nominatif) : **ein** pour les noms masculins et neutres et **eine** pour les noms féminins.

L'article indéfini s'emploie de façon très semblable dans les deux langues. Vous l'employez avec un nom dénombrable au singulier la première fois que vous en parlez – **Ein Mann geht um die Ecke** (*Un homme tourne au coin de la rue*). Vous l'employez aussi lorsqu'un nom au singulier représente un ensemble : **Ein Elefant vergisst nie** (*Un éléphant n'oublie jamais*). Vous pouvez même employer **ein/eine** avec un nom épithète (un nom qui complète le sujet, comme celui souligné dans l'exemple suivant) : **Willy Brandt war ein geschickter <u>Politiker</u>** (*Willy Brandt était un <u>homme politique</u> habile*).

Voici la liste des articles définis et des articles indéfinis correspondants (au nominatif) :

Genre et nombre	*Article défini (le/la/les)*	*Article indéfini (un/une/des)*
Masculin singulier	**der**	**ein**
Féminin singulier	**die**	**eine**
Neutre singulier	**das**	**ein**
Masculin, féminin et neutre pluriels	**die**	(pas de pluriel)

N.B. : L'article indéfini **ein/eine** n'a pas de forme du pluriel contrairement à l'article indéfini en français : **ein Pinguin** (*un pingouin*), **Pinguine** (*des pingouins*).

N'OUBLIEZ PAS

Certains groupes de noms sont invariablement masculins, féminins ou neutres. Par exemple, le genre des noms suit généralement le sexe de la personne : **der Onkel** (*l'oncle*), **die Schwester** (*la sœur*). Le plus souvent, la terminaison peut vous aider à trouver le genre d'un nom. Observez les groupes assez fiables qui se trouvent dans les tableaux 2-1 et 2-2. Retenez, cependant, que comme pour toutes les règles, il existe des exceptions.

Tableau 2-1 : Les genres prévisibles en fonction de la terminaison du nom

Généralement masculin (der)	*Généralement féminin (die)*	*Généralement neutre (das)*
-er (en particulier lorsqu'il s'agit de personnes de sexe masculin ou de métiers exercés par des personnes de sexe masculin)	**-ade, -age, -anz, -enz, -ette, -ine, -ion, -tur** (s'il s'agit d'un mot étranger ou emprunté à une autre langue)	**-chen**
-ich	**-e**	**-ium**
-ismus	**-ei**	**-lein**
-ist	**-heit**	**-ment** (dans le cas d'un mot étranger ou emprunté à une autre langue)
-ner	**-ie**	**-o**
	-ik	**-tum ou –um**
	-in (en particulier lorsqu'il s'agit de personnes de sexe féminin ou de métiers exercés par des personnes de sexe féminin)	
	-keit	
	-schaft	
	-tät	
	-ung	

Voici comment lire ce tableau : les noms qui se terminent en **-er** (en particulier lorsqu'il s'agit de personnes de sexe masculin ou de métiers exercés par des personnes de sexe masculin), en **-ich**, en **-ismus**, en **-ist** et en **-ner** sont généralement masculins.

Notez également que les noms commençant par **Ge-** sont souvent neutres.

Tableau 2-2 : Les genres habituels selon leur thème

Sont généralement masculins (der)	***Sont généralement féminins (die)***	***Sont généralement neutres (das)***
les jours, les mois et les saisons : **der Freitag** (*le lundi*)	un grand nombre de fleurs : **die Rose** (*la rose*)	les adjectifs de couleurs utilisés comme des noms : **grün** (*vert*) → **das Grün** (*le vert*)
les points cardinaux : **der Süd(en)** (*le sud*)	un grand nombre d'arbres : **die Buche** (*le hêtre*)	les noms de lieux géographiques : **das Europa** (*l'Europe*)
les noms de voiture : **der BMW** (*la BMW*)		les infinitifs utilisés comme des noms (infinitifs substantivés) : **schwimmen** (*nager*) → **das Schwimmen** (*la natation*)
les nationalités et noms d'habitants des personnes de sexe masculin : **der Schweizer** (*le Suisse*)	les nationalités et noms d'habitants des personnes de sexe féminin : **die Schweizerin** (*la Suissesse*)	les personnes jeunes et les petits des animaux : **das Baby** (*le bébé*)
les noms de métiers exercés par des personnes de sexe masculin : **der Bäcker** (*le boulanger*)	les noms de métiers exercés par des personnes de sexe féminin : **die Bäckerin** (*la boulangère*)	

N.B. : Les noms composés (constitués de deux éléments ou plus) prennent toujours le genre du dernier nom : **die Polizei** (*la police*) + **der Hund** (*le chien*) = **der Polizeihund** (*le chien policier*).

Travailler sans articles

Dans un certain nombre de cas, on n'utilise pas d'article en allemand. Comme en français, on n'emploie pas d'article indéfini quand on mentionne la profession, la nationalité ou la religion d'une personne. Attention, les professions, nationalités ou religions sont des noms en allemand et donc ils prennent une majuscule. Regardez ces trois exemples :

Mein Onkel war General bei der Bundeswehr. (*Mon oncle était général dans l'armée.*)

> **Sind Sie Schweizer oder Österreicher?** (*Êtes-vous suisse ou autrichien ?*)
>
> **Ich glaube, dass sie Protestantin ist.** (*Je crois qu'elle est protestante.*)

Contrairement au français, on n'utilise pas en allemand l'article défini dans des phrases qui sont des vérités générales : **Bäume sind Pflanzen** (*Les arbres sont des plantes*). Mais on emploie bien l'article défini lorsqu'il ne s'agit pas d'une généralisation : **Die Bäume haben keine Blätter** (*Les arbres n'ont pas de feuilles* [sous-entendu, en ce moment]).

En français, un nom de pays est accompagné d'un article. Ce n'est en général pas le cas en allemand : **Frankreich und Deutschland sind Nachbarländer** (*La France et l'Allemagne sont des pays limitrophes*). Cela ne les empêche pas d'avoir un genre : la plupart d'entre eux sont neutres, mais souvent, on omet l'article défini, comme dans **Berlin liegt in Deutschland** (*Berlin se trouve en Allemagne*).

Bien sûr, il existe quelques exceptions :

> **Die Schweiz gehört nicht zur Europäischen Union.** (*La Suisse n'appartient pas à l'Union européenne.*) Notez la présence de **die,** l'article défini féminin.
>
> **Er fliegt in die Vereinigten Staaten.** (*Il va aux États-Unis.*) Notez la présence de **die,** l'article défini pluriel.

Il existe d'autres exceptions comme **der Irak** (*l'Irak*), **der Iran** (*l'Iran*), **die Niederlande** (*les Pays-Bas*), **die Philippinen** (*les Philippines*) et **die Türkei** (*la Turquie*).

Former le pluriel

Voici une bonne nouvelle : vous n'avez pas besoin de réfléchir beaucoup pour former le pluriel des articles définis allemands : il suffit de retenir **die** (*les*). Retenez que **die** correspond aux trois formes de l'article défini au singulier : **der** (*le,* masculin), **die** (*la,* féminin) et **das** (*le* ou *la,* neutre).

ASTUCE

Même si **die** remplit à la fois le rôle de l'article défini féminin singulier et l'article défini pluriel pour les trois genres, ne vous inquiétez pas. On peut distinguer facilement le singulier du pluriel. Tout d'abord, il faut regarder la terminaison du nom qui accompagne l'article **die** et qui est soit au singulier, soit au pluriel. Par exemple, dans **die Lampen,** le nom **Lampen** est au pluriel. **Die** est l'article défini pluriel. En revanche, dans **die Lampe,** le nom **Lampe** est au singulier. **Die** est l'article défini féminin singulier. Ensuite, le contexte de la phrase peut vous aider à voir si vous avez affaire à la forme d'un nom au singulier ou au pluriel. Et un autre facteur très important entre dans cette équation : c'est le cas. Jetez un œil à la section « Résoudre les cas ».

Le tableau 2-3 vous montre les cinq manières courantes de former le pluriel des noms en allemand. Il n'y a pas de recette miracle pour savoir, d'un coup de baguette magique, quel pluriel utiliser. Il vous faut donc prêter une grande attention aux pluriels et à leur apprentissage. Quand vous rencontrez un nouveau mot, apprenez systématiquement son genre et son pluriel. Voici quelques règles de formation du pluriel, mais ne perdez pas de vue qu'il existe des exceptions.

- Les noms féminins avec les suffixes (féminins) **-heit**, **-keit** et **-ung** se terminent généralement en **-en** au pluriel : **die Möglichkeit** (*la possibilité*) → **die Möglichkeiten** (*les possibilités*).
- Les noms singuliers qui se terminent en **-er** n'ont généralement pas de désinence au pluriel : **das Fenster** (*la fenêtre*) → **die Fenster** (*les fenêtres*).
- Beaucoup de noms prennent un tréma (**Umlaut**) au pluriel, y compris les mots d'une syllabe : **der Kuss** (*le baiser*) → **die Küsse** (les baisers) ; **der Traum** (*le rêve*) → **die Träume** (*les rêves*).
- Certains noms allemands n'existent qu'au pluriel ou au singulier : **die Ferien** (*les vacances* [*souvent : scolaires*]) est toujours au pluriel ; **die Milch** (*le lait*) est toujours singulier.

Tableau 2-3 : Les cinq groupes de pluriels allemands

Changement	*Français (singulier et pluriel)*	*Allemand singulier*	*Allemand pluriel*
Ajout d'un **-s**	*le(s) bureau(x)*	**das Büro**	**die Büros**
	le(s) café(s)	**das Café**	**die Cafés**
	le(s) chef(s)	**der Chef**	**die Chefs**
	le(s) stylo(s)	**der Kuli**	**die Kulis**
Pas de changement ou ajout d'un tréma (¨)	*l'(les) ordinateur(s)*	**der Computer**	**die Computer**
	la (les) fenêtre(s)	**das Fenster**	**die Fenster**
	le(s) jardin(s)	**der Garten**	**die Gärten**
	la (les) fille(s)	**das Mädchen**	**die Mädchen**
	le(s) père(s)	**der Vater**	**die Väter**
Ajout de **-e** ou ajout de **-e** et d'un tréma (¨)	*la (les) gare(s)*	**der Bahnhof**	**die Banhöfe**
	l' (les) ami(s)	**der Freund**	**die Freunde**
	le(s) problème(s)	**das Problem**	**die Probleme**
	la (les) ville(s)	**die Stadt**	**die Städte**
	la (les) chaise(s)	**der Stuhl**	**die Stühle**
Ajout de **-er** ou ajout de **-er** et d'un tréma (¨)	*le(s) livre(s)*	**das Buch**	**die Bücher**
	le(s) vélo(s)	**das Fahrrad**	**die Fahrräder**
	la (les) maison(s)	**das Haus**	**die Häuser**
	l' (les) enfant(s)	**das Kind**	**die Kinder**
	le(s) château(x)	**das Schloss**	**die Schlösser**
Ajout de **-n**, **-en** ou **-nen**	*l' (les) idée(s)*	**die Idee**	**die Ideen**
	le(s) garçon(s)	**der Junge**	**die Jungen**
	la (les) sœur(s)	**die Schwester**	**die Schwestern**
	l' (les) étudiante(s)	**die Studentin**	**die Studentinnen**
	le(s) journal(aux)	**die Zeitung**	**die Zeitungen**

Résoudre les cas

Les germanophones indiquent la fonction remplie par un nom en ajoutant une terminaison aux articles ou aux adjectifs qui l'accompagnent (et parfois aussi au nom lui-même). Les sections suivantes vous présentent les quatre cas en allemand – qui correspondent aux rôles que les noms peuvent jouer dans une phrase – et elles montrent leur importance à l'aide d'exemples.

Identifier les quatre cas

Dans une phrase, les noms adoptent un des quatre cas, en fonction du rôle qu'ils jouent : le nominatif pour le sujet, l'accusatif pour l'objet direct, le datif pour l'objet indirect et le génitif pour indiquer la possession.

Nominatif (nom.)

Ce cas est celui du sujet de la phrase. Le *sujet* est la personne ou la chose qui exécute l'action décrite par le verbe. Dans la phrase **Der Junge stiehlt eine Wurst** (*Le garçon vole une saucisse*), le garçon est le sujet, c'est lui qui vole une saucisse.

Accusatif (acc.)

Ce cas est celui du complément d'objet direct de la phrase. L'*objet direct* est la personne ou la chose affectée par l'action décrite par le verbe. Ainsi dans l'exemple précédent, la saucisse est l'objet direct. C'est elle qui est volée.

Datif (dat.)

L'objet indirect d'une phrase est toujours au datif. Pensez que *l'objet indirect* est le cas de la personne ou de la chose qui reçoit l'objet direct. Examinez la phrase **Der Junge gibt dem Hund die Wurst** (*Le garçon donne la saucisse au chien*). Ici le chien est l'objet indirect parce que c'est à lui que le garçon donne la saucisse. (La saucisse est l'objet direct, ce qui est donné.)

Si une phrase comporte deux objets, il est probable que l'un d'eux soit un objet indirect. En cas de doute, essayez de traduire la phrase en français : si vous pouvez mettre « à » devant un des noms, c'est l'objet indirect de la phrase en allemand.

Génitif (gén.)

Ce cas indique la possession, l'appartenance. Une personne ou une chose peut être le possesseur ou le propriétaire de quelque chose. Dans **der Hund des Jungen** (*Le chien du garçon*), le garçon est le propriétaire du chien, et le mot garçon est au génitif.

Comprendre l'importance des cas

Il est essentiel de comprendre le fonctionnement des cas si vous voulez communiquer dans un allemand correct. Pourquoi ? Parce que les articles définis et indéfinis peuvent prendre une forme différente, en fonction de leur cas. Le tableau 2-4 vous montre ces variations.

Tableau 2-4 : Les déclinaisons de l'article défini

Genre	*Nominatif*	*Accusatif*	*Datif*	*Génitif*
Masculin	**der**	**den**	**dem**	**des**
Féminin	**die**	**die**	**der**	**der**
Neutre	**das**	**das**	**dem**	**des**
Masculin, féminin et neutre pluriels	**die**	**die**	**den**	**der**

Les exemples suivants montrent comment l'article défini masculin **der** se modifie en fonction de son cas grammatical :

> **Der Fuchs läuft über die Straße.** (*Le renard traverse la route.*) **Der** = nominatif.
>
> **Kaufst du den Computer?** (*Achètes-tu l'ordinateur ?*) **Den** = accusatif.
>
> **Ich leihe dem Freund mein Auto.** (*Je prête ma voiture à l'ami.*) **Dem** = datif.
>
> **Sie lebt in der Wohnung des Freundes.** (*Elle habite dans l'appartement de l'ami.*) **Des** = génitif.

Le tableau 2-5 présente la déclinaison de l'article indéfini **ein**.

Tableau 2-5 : Les déclinaison de l'article indéfini

Genre	*Nominatif*	*Accusatif*	*Datif*	*Génitif*
Masculin	**ein**	**einen**	**einem**	**enes**
Féminin	**eine**	**eine**	**einer**	**einer**
Neutre	**ein**	**ein**	**einem**	**eines**

Les exemples suivants montrent comment l'article indéfini **ein** se modifie en fonction de son cas grammatical :

> **Ein Fuchs läuft über die Straße.** (*Un renard traverse la route.*) **Ein** = nominatif.
>
> **Kaufst du einen Computer?** (*Achètes-tu un ordinateur ?*) **Einen** = accusatif.
>
> **Ich leihe einem Freund mein Auto.** (*Je prête ma voiture à un ami.*) **Einem** = datif.
>
> **Sie lebt in der Wohnung eines Freundes.** (*Elle habite dans l'appartement d'un ami.*) **Eines** = génitif.

Faire entrer les remplaçants : utiliser les pronoms

Les pronoms se modifient en fonction du rôle qu'ils jouent dans une phrase (leur cas) et du nom qu'ils remplacent. Cette section présente trois types de pronoms : les pronoms personnels, les pronoms démonstratifs et les pronoms relatifs. (Les pronoms réfléchis sont liés aux verbes pronominaux et j'en parle donc au chapitre 3.)

N.B. : Un autre groupe de pronoms, appelés pronoms possessifs – comme **mein** (*mon*), **dein** (*ton*), **unser** (*notre*), etc. – sont techniquement classés comme des adjectifs ; leurs terminaisons ressemblent à celles des adjectifs qualificatifs comme *intéressant, petit* ou *rose.* (Reportez-vous au chapitre 5 si vous voulez en savoir plus sur les adjectifs possessifs).

Personnaliser avec les pronoms personnels

La famille des pronoms personnels peut vous dépanner dans toutes sortes de situations pour parler de quelqu'un sans avoir à répéter son nom à tout bout de champ.

Le nominatif est très fréquent dans la plupart des langues à déclinaisons (chaque phrase, après tout, a besoin d'un sujet), et l'allemand ne fait pas exception. (Cf. la section précédente « Identifier les quatre cas » pour plus de détails sur les déclinaisons.)

ASTUCE

Avec les pronoms personnels allemands, la différence la plus grande avec le français concerne le vouvoiement. En français, on utilise « vous » pour vouvoyer. En allemand, on utilise la forme **Sie**, indiquée dans le tableau 2-6 par l'expression « formule de politesse ». N'oubliez pas la majuscule pour cette forme.

N.B. : Le génitif n'est pas représenté parmi les pronoms personnels parce qu'il indique la possession ; le pronom personnel **mich** (*me*) ne peut remplacer qu'une personne, pas une chose qu'il ou elle possède.

Tableau 2-6 : Les pronoms personnels

Nominatif	*Accusatif*	*Datif*
ich (*je*)	**mich** (*me*)	**mir** (*me/à moi*)
du (*tu*)	**dich** (*te*)	**dir** (*te/à toi*)
er (*il*) [masculin]	**ihn** (*le*) [masculin]	**ihm** (*lui/à lui*) [masculin]
sie (*elle*) [féminin]	**sie** (*la*) [féminin]	**ihr** (*lui/à elle*) [féminin]
es (*il/elle/ce/ça*) [neutre]	**es** (*le/la/ça*) [neutre]	**ihm** (*lui/à lui/à elle/à ça*) [neutre]
wir (*nous*)	**uns** (*nous*)	**uns** (*nous/à nous*)
ihr (*vous*) [pluriel]	**euch** (*vous*) [pluriel]	**euch** (*vous/à vous*) [pluriel]
sie (*ils/elles*)	**sie** (*les*)	**ihnen** (*leur/à eux/à elles*)
Sie (*vous*) [formule de politesse, singulier ou pluriel]	**Sie** (*vous*) [formule de politesse, singulier ou pluriel]	**Ihnen** (*vous/à vous*) [formule de politesse, singulier ou pluriel]

Relier avec les pronoms relatifs

On utilise les pronoms relatifs (*qui, que, qu', dont*) pour fournir des informations supplémentaires à propos d'un nom ou d'un pronom exprimé précédemment. Les pronoms relatifs introduisent une proposition subordonnée relative ; ils renvoient à un nom situé dans la proposition principale. Mais qu'est-ce qu'une *proposition principale* ? C'est un morceau de phrase qui peut être indépendant et cependant toujours avoir du sens.

Une *proposition relative* est un type de *proposition subordonnée,* qui, comme vous l'avez peut-être déjà deviné, ne peut pas existe toute seule.

N'OUBLIEZ PAS

Voici les trois points clés pour comprendre comment fonctionnent les propositions relatives en allemand :

- **En allemand, comme en français, on peut utiliser un pronom relatif pour connecter deux propositions.** Par exemple : **Ist das der Mann, den du liebst?** (*Est-ce l'homme que tu aimes ?*) Dans cette phrase, la proposition principale est suivie d'une proposition relative, **den du liebst**. Le mot **den** est le pronom relatif qui relie les deux parties de la phrase.
- **On met obligatoirement une virgule pour séparer la proposition principale de la proposition relative.** En français, la virgule n'est pas obligatoire, sa présence dépend du contexte. Souvenez-vous, pour savoir où placer la virgule en allemand, que la proposition relative débute par le pronom relatif. Par exemple : **Bestellen wir die Pizza, die wir meistens essen** (*Commandons la pizza que l'on mange d'habitude*). Inutile d'ajouter une virgule en français, mais elle est indispensable en allemand pour séparer la proposition principale **Bestellen wir die Pizza** de la proposition relative **die wir meistens essen**, qui commence avec le pronom relatif **die**.
- **L'ordre des mots change dans les propositions relatives.** On rejette le verbe conjugué à la fin de la proposition relative. Par exemple : **Gestern habe ich eine gute Freundin getroffen, die ich seit Jahren nicht gesehen habe** (*Hier, j'ai rencontré une bonne copine que je n'avais pas vue depuis des années*). Dans la proposition relative **die ich seit Jahren nicht gesehen habe,** le verbe se compose de deux parties, **gesehen,** le participe passé de **sehen**, et **habe,** la forme conjuguée du verbe **haben.** La forme conjugée **habe** est le dernier mot de la phrase et est précédée par le participe passé **gesehen**. Pour plus d'informations sur le passé composé, allez au chapitre 7.

Tableau 2-7 : Les pronoms relatifs

Genre/Nombre du nom remplacé	*Nominatif*	*Accusatif*	*Datif*	*Génitif*
Masculin singulier	**der**	**den**	**dem**	**dessen**
Féminin singulier	**die**	**die**	**der**	**deren**
Neutre singulier	**das**	**das**	**dem**	**dessen**
Masculin, féminin et neutre pluriels	**die**	**die**	**denen**	**deren**

Démontrer les pronoms démonstratifs

N'OUBLIEZ PAS

On utilise un pronom démonstratif quand on veut mettre en valeur ou insister sur le pronom qui remplace un nom. Comme en français, le pronom démonstratif se trouve généralement au début de la phrase, puisque c'est l'élément que l'on veut mettre en relief. On utilise les pronoms démonstratifs au nominatif pour insister sur le sujet ou à l'accusatif pour mettre l'accent sur l'objet.

Entre le nominatif et l'accusatif, il n'y a qu'une seule différence, au masculin. **Der** est le nominatif et **den** est l'accusatif. Sauf pour l'accusatif **den**, il suffit de connaître le genre du nom que l'on remplace – ou de savoir s'il est pluriel – pour ensuite utiliser le bon pronom démonstratif.

Tableau 2-8 : Les pronoms démonstratifs

Genre/Nombre du nom remplacé	*Nominatif (pour les sujets et les attributs)*	*Accusatif (pour les objets directs)*
Masculin singulier	**der** (*celui-ci/celui-là*)	**den** (*celui-ci/celui-là*)
Féminin singulier	**die** (*celle-ci/celle-là*)	**die** (*celle-ci/celle-là*)
Neutre singulier	**das** (*celui-ci/celui-là/ celle-ci/celle-là/ceci/ cela*)	**das** (*celui-ci/celui-là/ celle-ci/celle-là/ceci/ cela*)
Masculin, féminin et neutre pluriels	**die** (*ceux-ci/ceux-là/ celles-ci/celles-là*)	**die** (*ceux-ci/ceux-là/ celles-ci/celles-là*)

Dans les exemples suivants, les mots soulignés sont les noms et les pronoms démonstratifs qui les remplacent :

- **Ist <u>der Flug</u> ausgebucht**? (*Le vol est-il complet ?*) **Der Flug** est un nom masculin singulier au nominatif.

  – **Ja, <u>der</u> ist voll.** *(Oui, il est complet/Oui, celui-ci est complet.)* **Der** *est le sujet de la phrase, donc au nominatif, et il remplace* **der Flug,** *qui est masculin singulier.* **Der** *est le pronom démonstratif masculin singulier au nominatif.*

- **Wie findest du <u>die Trauben</u>**? (*Comment trouves-tu les raisins ?*) **Die Trauben** est pluriel. C'est un accusatif.

– **Die finde ich herrlich!** *(Je les trouve super !/ Ceux-là, je les trouve super !)* **Die** *est l'objet direct de la phrase, il est donc à l'accusatif.* **Die** *est le remplaçant de* **die Trauben,** *qui est pluriel, donc on utilise le pronom démonstratif pluriel à l'accusatif,* **die**.

- **Wo hast du den Mantel gekauft?** (*Où as-tu acheté le manteau ?*) **Den Mantel** est l'accusatif du nom masculin singulier **der Mantel**.

  – **Den habe ich bei Kaufhaus Cloppenburg gekauft**. *(Celui-ci, je l'ai acheté au Cloppenburg.)* **Den** *est l'objet de la phrase et il remplace* **den Mantel**. **Den** *est la forme du masculin singulier du pronom démonstratif à l'accusatif.*

- **War die Prüfung schwierig?** (*L'examen était-il difficile ?*) **Die Prüfung** est un nom féminin singulier ; il est au nominatif.

  – **Nein, die war sehr leicht.** *(Non, il était très facile./Non, celui-ci était très facile.)* **Die** *est le sujet de la phrase, il est donc au nominatif.* **Die** *remplace* **die Prüfung**. *C'est la forme du féminin singulier du pronom démonstratif au nominatif.*

Chapitre 3

Maîtriser le présent

Dans ce chapitre :

- Comprendre les différents types de verbes allemands au présent
- Choisir le pronom sujet correct
- Manipuler les verbes au présent et les conjuguer

En allemand, le présent s'emploie à peu près dans les mêmes situations qu'en français. Dans ce chapitre, vous apprendrez à conjuguer les verbes réguliers et irréguliers, ainsi que les verbes à changement de voyelle. Vous vous formerez au maniement des verbes réfléchis, des verbes à préfixe et des pronoms sujets allemands.

Classer les verbes

Une méthode pour se souvenir du type de conjugaison d'un verbe consiste à mémoriser sa catégorie. Il existe cinq catégories possibles qui se répartissent de la façon suivante :

- **Verbes réguliers :** le radical (qui s'obtient à partir de la forme de l'infinitif à laquelle on enlève la terminaison **-en**) de ces verbes est invariable et les désinences de la conjugaison sont **-e, -st, -t, -en, -t, -en** et **-en**.
- **Verbes à changement de voyelle :** ces verbes subissent des modifications au niveau du radical : leurs désinences sont identiques à celles des verbes réguliers, avec quelques exceptions.
- **Verbes irréguliers :** ces verbes ont une conjugaison qui leur est propre. Les deux verbes irréguliers les plus courants sont **haben** (*avoir*) et **sein** (*être*).

- **Verbes réfléchis :** les verbes de ce groupe sont constitués de deux éléments : le verbe à proprement parler et un pronom réfléchi.
- **Verbes à préfixe :** ces verbes possèdent un préfixe qui modifie leur sens original. Il existe trois types de verbes à préfixe : les verbes à préfixe séparable, les verbes à préfixe inséparable et les verbes mixtes.

Choisir le pronom sujet

On utilise les *pronoms sujets* – **ich** (*je*), **du** (*tu*), **er** (*il*), **sie** (*elle*), **es** (*il/elle/ce/ça*), etc. – pour désigner la personne ou la chose qui effectue l'action ou l'idée d'un verbe. Ils remplacent le nom. (Reportez-vous aux chapitres 1 et 2 pour obtenir des informations supplémentaires sur les pronoms.) Le tableau 3-1 vous montre les différents pronoms sujets en allemand et en français.

Tableau 3-1 : Les pronoms sujets

Personne	*Singulier*	*Pluriel*
première	**ich** (*je*)	**wir** (*nous*)
deuxième	**du** (*tu*)	**ihr** (*vous*)
troisième	**er** (*il*)	**sie** (*ils/elles*)
	sie (*elle*)	
	es (*il/elle/ce/ça*)	
deuxième (formule de politesse)	**Sie** (*vous*, singulier ou pluriel)	

Voici des informations plus détaillées sur les trois personnes d'un verbe en prenant comme exemple le verbe *parler :*

Première personne : il s'agit de celui, celle, ceux ou celles *qui parlent* : **ich** (*je*) ou **wir** (*nous*).

Deuxième personne : il s'agit de celui, celle, ceux ou celles *à qui l'on parle* : **du** (*tu*), **ihr** (*vous* [pour les personnes que l'on tutoie]), **Sie** (*vous* [pour les personnes que l'on vouvoie, singulier ou pluriel]). **Ihr** est la forme plurielle familière, que l'on utilise avec un groupe d'amis et **Sie** est la forme de politesse, soit au singulier soit au pluriel, que vous utiliserez pour toutes les personnes que vous n'appelez pas par leur prénom.

Troisième personne : il s'agit de la personne ou de la chose *dont on parle* : **er** (*il*), **sie** (*elle*) ou **es** (*il/elle/ce/ça*) ; **sie** (*ils/elles*). Le choix du pronom **er, sie** ou **es** dépend du genre du nom en allemand. J'explique comment déterminer le genre d'un nom au chapitre 2.

Choisir vouvoiement ou tutoiement

Choisissez **Sie,** la formule de politesse, pour parler à une ou plusieurs personnes avec lesquelles vous avez une relation formelle, distante. La formule de politesse correspond au vouvoiement en français. **Sie** prend toujours une majuscule et convient :

- quand vous ne savez pas s'il vaut mieux choisir **ihr** ou **Sie ;**
- quand vous n'appelez pas les gens par leur prénom (par exemple, quand vous dites Herr Kuhnagel ou Frau Zitzelsberger et non pas Sigmund ou Hildegard) ;
- quand vous parlez à des adultes que vous ne connaissez pas bien ;
- dans un contexte professionnel ou sur votre lieu de travail ;
- dans des lieux publics ou dans la rue, à des personnes en uniforme (officiers de police, employés de l'aéroport, etc.).

Utilisez le pronom informel **du** quand vous tutoyez une personne (ou un animal) et employez le pronom informel **ihr**, le pluriel de **du**, quand vous parlez à plus d'une personne (ou plus d'un animal) que vous tutoieriez si elle était seule. Un pronom informel convient :

- quand un germanophone vous invite à utiliser **du ;**
- pour parler à un ami proche ou à une personne de la famille ;
- quand vous vous adressez à des enfants et des adolescents de moins de 16 ans ;
- quand vous parlez à des animaux domestiques.

ASTUCE

Vous entendrez sûrement des collègues de travail proches, des étudiants, des membres d'une équipe de sport ou des personnes qui font de la randonnée en montagne dire **du**, mais à moins que quelqu'un ne vous dise « **Wollen wir uns dutzen?** » (*On se tutoie ?* Littéralement, *Voulons-nous nous tutoyer ?*), dans le doute préférez toujours **Sie.**

S'y retrouver avec sie, sie, et Sie

Prenez le temps de bien comprendre qui est qui dans cette bande des trois. Reportez-vous à nouveau au tableau 3-1 et vous trouverez ces trois bandits : **sie** (*elle*), **sie** (*ils/elles*) et **Sie** (*vous*), tapis dans des cases différentes. Soyez attentifs aux éléments suivants :

- **La conjugaison :** quand **sie** signifie *elle,* la forme verbale est différente de l'infinitif. Au présent, le verbe conjugué se termine habituellement par **-t**. Quand **sie/Sie** signifie *ils/elles* ou *vous,* le verbe au présent finit par **-en**.
- **La majuscule :** les formes *ils/elles* de **sie** et *vous* de **Sie** ont des conjugaisons identiques, mais seule la formule de politesse, *vous*, prend une majuscule.

Les exemples suivants montrent comment déterminer quel pronom utiliser suivant le contexte :

Wo wohnt sie? (*Où habite-t-elle ?*) Le verbe **wohnt** est à la troisième personne du singulier et **sie** n'a pas de majuscule.

Wo wohnen sie? (*Où habitent-ils ?/Où habitent-elles ?*) Le verbe est à la troisième personne du pluriel et **sie** n'a pas de majuscule.

Wo wohnen Sie? (*Où habitez-vous ?*) Le verbe est à la forme de politesse (qui est identique à la troisième personne du pluriel) et **Sie** a une majuscule.

S'exprimer au présent

La plupart des verbes allemands sont *réguliers* au présent, ce qui signifie qu'ils suivent le modèle de conjugaison classique. D'autres subissent des changements de voyelle. Il existe aussi des verbes pronominaux et des verbes à préfixe. Les sections suivantes expliquent comment manier les différents types de verbes pour dire tout ce que vous voudrez à l'aide du temps le plus polyvalent en allemand, le présent.

Examiner les verbes réguliers

On conjugue un verbe en prenant son radical – que l'on obtient presque toujours en enlevant la terminaison **-en** de la forme du verbe à l'infinitif (celle qu'on trouve dans les dictionnaires) – et en lui ajoutant la bonne terminaison. Au présent, l'allemand a quatre terminaisons possibles (**-e, -st, -t** et **-en**).

Le tableau ci-dessous présente la conjugaison du verbe **kommen** (*venir*). J'ai simplement ajouté les terminaisons du présent, en gras, au radical **komm-**.

kommen (*venir*)	
ich komm**e**	wir komm**en**
du komm**st**	ihr komm**t**
er/sie/es komm**t**	sie komm**en**
Sie komm**en**	
Er **kommt** aus Belgium. (*Il vient de Belgique.*)	

Si le radical du verbe se termine par **-d** ou **-t,** il faut ajouter un **-e** avant les terminaisons **-st** et **-t.** Le tableau suivant montre comment conjuguer un verbe régulier du type **arbeiten** (*travailler*) au présent. Les terminaisons sont indiquées en gras.

arbeiten (*travailler*)	
ich arbeit**e**	wir arbeit**en**
du arbeit**est**	ihr arbeit**et**
er/sie/es arbeit**et**	sie arbeit**en**
Sie arbeit**en**	
Du **arbeitest** sehr schnell. (*Tu travailles très vite.*)	

Avec quelques verbes qui ne se terminent pas en **-en** mais en **-n** à l'infinitif, comme **wandern** (*faire de la randonnée*) et **tun** (*faire*), il faut enlever le **-n** de l'infinitif et ajouter les terminaisons habituelles du présent, sauf dans les trois cas suivants, où l'on ajoute seulement **-n** (et non pas **-en**) :

- à la première personne du pluriel : **wir wandern** (*nous faisons de la randonnée*) et **wir tun** (*nous faisons*) ;
- à la troisième personne du pluriel : **sie wandern** (*ils/elles font de la randonnée*) et **sie tun** (*ils/elles font*) ;
- à la formule de politesse (singulier et pluriel) : **Sie wandern** (*vous faites de la randonnée* [formule de politesse]) et **Sie tun** (*vous faites* [formule de politesse]).

La liste suivante est constituée de verbes allemands qui se conjuguent conformément aux règles de conjugaison du présent qui viennent d'être énoncées.

- **arbeiten** (*travailler*)
- **bringen** (*apporter*)
- **finden** (*trouver*)
- **gehen** (*aller, marcher*)
- **heißen** (*s'appeler*)
- **kaufen** (*acheter*)
- **kennen** (*connaître*)
- **kommen** (*venir*)
- **kosten** (*coûter*)
- **lernen** (*apprendre*)
- **reisen** (*voyager*)
- **sagen** (*dire*)
- **schreiben** (*écrire*)
- **spielen** (*jouer*)
- **wandern** (*faire de la randonnée*)
- **wohnen** (*habiter*)

Mémoriser les verbes à changement de voyelle

Certains verbes subissent des changements orthographiques. Techniquement, ils sont classés dans les verbes à changement de voyelle, parce que la ou les voyelles du radical changent lorsqu'on conjugue le verbe au présent. Le *radical* est la partie du verbe située avant la terminaison **-en**. Par exemple, **sprechen** (*parler*) est l'infinitif et le radical est **sprech-**.

> Le changement de voyelle se produit à la deuxième et à la troisième personne du singulier au présent : **du** et **er/sie/es** (et pour un type de verbes, la première personne est également affectée : **ich**).

Les tableaux suivants présentent les cinq changements de voyelle possibles ainsi que celles que subissent en plus les verbes du type **nehmen** (*prendre*) et **wissen** (*savoir*). Seules les formes avec modification de voyelle sont en gras.

fahren (*conduire*) : **a→**ä	
ich fahre	wir fahren
du **fährst**	ihr fahrt
er/sie/es **fährt**	sie fahren
Sie fahren	
Du fährst sehr vorsichtig. (*Tu conduis très prudemment.*)	

Voici d'autres verbes du type **a→ä** qui suivent le même modèle : **backen** (*cuisiner*), **fallen** (*tomber*), **gefallen** (*plaire*), **halten** (*arrêter*), **schlafen** (*dormir*), **tragen** (*porter, mettre*), **waschen** (*laver*). Pour un tout petit groupe, la voyelle se modifie différemment : **au→äu**. Ce groupe comprend le verbe **laufen** (*courir*).

sprechen (*parler*) : **e→i**	
ich spreche	wir sprechen
du **sprichst**	ihr sprecht
er/sie/es **spricht**	sie sprechen
Sie sprechen	
Adrienne **spricht** fließend Englisch, Deutsch und Französisch. (*Adrienne parle couramment anglais, allemand et français.*)	

Les verbes suivants font eux aussi partie de la catégorie **e→i : essen** (*manger*), **geben** (*donner*), **helfen** (*aider*), **vergessen** (*oublier*).

lesen (*lire*) : **e→ie**	
ich lese	wir lesen
du **liest**	ihr lest
er/sie/es **liest**	sie lesen
Sie lesen	
Das Kind **liest** schon Romane. (*L'enfant lit déjà des romans.*)	

Le verbe **sehen** (*voir*) fonctionne aussi selon le modèle **e→ie.**

nehmen (*prendre*) : **e→i, hm→mm**	
ich nehme	wir nehmen
du **nimmst**	ihr nehmt
er/sie/es **nimmt**	sie nehmen
Sie nehmen	
Du **nimmst** zu viele Kekse! (*Tu prends trop de gâteaux !*)	

wissen (*savoir*) : **i→ei**	
ich **weiß**	wir wissen
du **weißt**	ihr wisst
er/sie/es **weiß**	sie wissen
Sie wissen	
Weißt du, wer das ist? (*Sais-tu qui c'est ?*)	

Savoir conjuguer les verbes irréguliers

Les deux verbes très courants **haben** (*avoir*) et **sein** (*être*) sont irréguliers. La section suivante vous indique tout ce que vous devez savoir pour employer ces verbes au présent.

Haben : laissez-moi l'avoir

Observez la conjugaison du verbe **haben** (*avoir*) au présent. Notez que ce verbe n'a en fait que deux formes irrégulières : **du hast** et **er/sie/es hat**.

haben (*avoir*)	
ich **habe**	wir **haben**
du **hast**	ihr **habt**
er/sie/es **hat**	sie **haben**
Sie **haben**	
Sie **hat** eine grosse Familie. (*Elle a une grande famille.*)	

L'allemand, comme le français, possède de nombreuses expressions avec le verbe avoir. Dans certains cas, l'allemand utilise le verbe **haben** comme le français, pour décrire un état : **Angst haben** (*avoir peur*), **Durst haben** (*avoir soif*), **Glück haben** (*avoir de la chance*), **Hunger haben** (*avoir faim*), **Recht haben** (*avoir raison*) :

Ich habe Angst vor Haifische. (*J'ai peur des requins.*)

Haben Sie Durst? (*Avez-vous soif ?*)

Du hast viel Glück. (*Tu as beaucoup de chance.*)

Wir haben keinen Hunger. (*Nous n'avons pas faim.*)

Der Lehrer hat Recht. (*Le professeur a raison.*)

Dans d'autres cas, l'allemand emploie des constructions différentes. Voici quelques exemples utiles pour :

- **Exprimer ce que l'on aime** avec le verbe **haben** et l'adverbe **gern.** Utilisé seul, **gern** signifie *volontiers, avec plaisir.* Combiné avec **haben** pour exprimer des goûts, **gern** se place en général à la fin de la phrase : **Hast du klassische Musik gern?** (*Aimes-tu la musique classique ?*) ;
- **Parler de la date de votre anniversaire**. Vous dites **Ich habe am siebten Juni Geburtstag** (*Mon anniversaire est le 7 juin*).

Sein : être ou ne pas être

Observez la conjugaison du verbe **sein** (*être*) au présent. Notez que toutes les formes de ce verbe sont irrégulières et que les trois formes sont identiques pour **wir**, **sie** (au pluriel) et **Sie** : **wir sind, sie sind** et **Sie sind**.

sein (*être*)	
ich **bin**	wir **sind**
du **bist**	ihr **seid**
er/sie/es **ist**	sie **sind**
Sie **sind**	
Sind Sie Herr Rasch? (*Êtes-vous Monsieur Rasch ?*)	

Le verbe **sein** s'emploie de multiples façons en allemand. Voici quelques pistes pour utiliser **sein** :

- **Avec un adjectif :** c'est le cas le plus commun.

  Du bist sehr lustig. *(Tu es très drôle.)*

  Mein Sohn ist nicht sehr sportlich. *(Mon fils n'est pas très sportif.)*

- **Avec un adjectif plus un nom ou un pronom au datif :** voici quelques expressions utiles.

  Mir ist kalt/warm. *(J'ai froid/chaud.)* **Mir** est le datif du pronom **ich.**

  Ihm ist schlecht/übel. *(Il ne se sent pas bien/Il a mal à l'estomac.)* **Ihm** est le datif du pronom **er.**

- **Avec un adverbe :**

  Wir sind morgen nicht hier. *(Nous ne sommes pas là demain.)*

  Sie ist dort. *(Elle est là.)*

- **Avec des noms :**

  Ich bin Bauingenieur. *(Je suis ingénieur du bâtiment.)*

  Sind Sie Belgier? *(Êtes-vous belge ? [Littéralement : Êtes-vous (un) Belge ?])* Remarquez que l'allemand utilise le nom pour les nationalités (d'où la majuscule), alors que le français utilise plutôt l'adjectif.

- **Avec des nombres :**

  Sie ist fünfundzwanzig. *(Elle a ving-cinq ans. [Littéralement, elle est 25 ans.])* Retenez que pour indiquer l'âge que l'on a, on utilise le verbe **sein** en allemand.

Se pencher sur les verbes pronominaux

Les *verbes pronominaux* ont un sujet qui effectue une action dirigée sur lui-même. Typiquement, le verbe se combine avec un pronom réfléchi pour décrire une action.

L'allemand et le français ont tous deux des verbes pronominaux et en font un usage fréquent.

Le tableau 3-2 présente les pronoms réfléchis avec leurs traductions. Pour vous aider à vous repérer, j'ai inscrit les pronoms au nominatif dans la colonne de gauche. Notez la fréquence de **sich**.

Tableau 3-2 : Les pronoms réfléchis : accusatif et datif

Nominatif (pour référence)	***Accusatif***	***Datif***
ich (*je*)	**mich** (*me*)	**mir** (*me*)
du (*tu*)	**dich** (*te*)	**dir** (*te*)
er/sie/es (*il/elle/ce/ça*)	**sich** (*se*)	**sich** (*se*)
wir (*nous*)	**uns** (*nous*)	**uns** (*nous*)
ihr (*vous*)	**euch** (*vous*)	**euch** (*vous*)
sie (*ils/elles*)	**sich** (*se*)	**sich** (*se*)
Sie (*vous*) [formule de politesse, singulier ou pluriel]	**sich** (*vous*)	**sich** (*vous*)

Les verbes qui utilisent le pronom réfléchi au datif se trouvent dans des phrases qui ont un objet direct distinct ; les verbes qui utilisent le pronom réfléchi à l'accusatif n'ont pas d'objet direct distinct dans la phrase. Examinez les exemples suivants :

> **Ich fühle mich viel besser.** (*Je me sens beaucoup mieux.*) **Mich** (*me*) est la forme de l'accusatif du pronom réfléchi ; c'est l'objet direct du verbe d'action **fühlen.** (L'information répond à la question *qui fait qui ?* [qui sent qui beaucoup mieux ? je sens moi beaucoup mieux] C'est pourquoi le pronom réfléchi est à l'accusatif.)
>
> **Ich ziehe mir eine Jeans an.** (*J'enfile mon jean,* mot à mot, *je mets à moi un jean.*) **Mir** est la forme du datif du pronom réfléchi ; **eine Jeans** est l'objet direct (accusatif) dans la phrase. (L'information répond à la question *qui*

fait quoi à qui ? [qui met à moi un jean ? je mets à moi un jean] C'est pourquoi le pronom réfléchi est au datif.)

L'ordre des mots joue un rôle important dans la construction des phrases avec pronoms réfléchis. Mémorisez les points suivants :

- Dans une phrase affirmative, le pronom réfléchi suit immédiatement le verbe conjugué ; **sich** vient juste après **haben** dans cet exemple : **Die Touristen haben sich den Dom angesehen** (*Les touristes ont vu la cathédrale*, mot à mot, *les touristes se sont vus la cathédrale*).
- Dans une question, si le sujet est un pronom (**ihr** [*vous*]), le pronom réfléchi (**euch** [*vous*]) se place juste après. Par exemple, **Erkältet ihr euch oft?** (*Vous vous enrhumez souvent ?*)

En allemand, comme en français, les verbes pronominaux se trouvent fréquemment en référence avec les parties du corps. Ces verbes décrivent souvent ce que l'on fait dans la salle de bains. Par exemple, *se raser* (**sich rasieren**) est un verbe pronominal.

Le tableau 3-3 regroupe quelques verbes pronominaux, dont beaucoup décrivent des activités quotidiennes, en particulier en matière d'hygiène personnelle.

Tableau 3-3 : Les verbes pronominaux : ce qu'on fait tous les jours

Verbes pronominaux allemands	*Équivalents français*
sich anziehen (acc.)	*s'habiller*
sich (das Hemd) anziehen (dat.)	*enfiler (sa chemise)*
sich beeilen (acc.)	*se dépêcher*
sich duschen (acc.)	*se doucher*
sich freuen auf das Wochenende (acc.)	*se réjouir du week-end*
sich die Zähne putzen (dat.)	*se laver les dents*
sich rasieren (acc.)	*se raser*
sich (das Gesicht) rasieren (dat.)	*se raser (le visage)*
sich die Haare waschen (dat.)	*se laver les cheveux*
sich die Hände waschen (dat.)	*se laver les mains*

Démêler les verbes à préfixe

En français, les préfixes qui se trouvent au début de certains verbes restent toujours collés au début du verbe, comme le préfixe *re-*, combiné avec le verbe *venir* : *revenir*, *je reviens*, *je suis revenu*, etc. Certains préfixes allemands fonctionnent de la même manière. On appelle ce type de préfixes des *préfixes inséparables*. Malheureusement, très souvent, les préfixes ne sont pas sédentaires en allemand : ils se déplacent. Observez la place du préfixe **zurück** combiné avec le verbe **kommen** conjugué au présent et au passé composé : **ich komme morgen zurück** (*je reviens demain*), **ich bin gestern zurückgekommen** (*je suis revenu hier*). On dit que **zurück** est un *préfixe séparable*. Heureusement, les déplacements des préfixes allemands séparables obéissent à des règles bien précises. Pour couronner le tout, certains préfixes sont sédentaires ou se déplacent, selon le sens du verbe qu'ils accompagnent. Ce qui ne manque pas de semer la pagaille… On les appelle *préfixes mixtes*.

Les sections suivantes vous présentent les trois types de verbes à préfixe au présent : les verbes à préfixe séparable, les verbes à préfixe inséparable et les verbes à préfixe mixte.

Les verbes à préfixe séparable

Pour les *verbes à préfixe séparable*, le verbe et le préfixe peuvent se séparer. Des trois catégories de verbes que je traite ici, ce groupe possède le plus grand nombre de préfixes et de verbes qui peuvent se combiner avec ces préfixes.

N'OUBLIEZ PAS

Lorsque vous devez utiliser des verbes à préfixe séparable au présent, ne perdez pas de vue les deux points suivants :

- Le préfixe, comme **fest-** dans **festhalten** (*retenir*), est renvoyé à la fin de la phrase. À l'oral, il est accentué.
- Le verbe lui-même, la partie conjuguée, est généralement placé en deuxième position dans la phrase. Par exemple : **Ich halte mich fest.** (*Je me retiens.*)

Le tableau 3-4 présente des préfixes séparables, leur équivalent en français, et des exemples de verbes utilisant ces préfixes. Ces verbes sont très courants et vous risquez de rencontrer un bon nombre d'entre eux.

Tableau 3-4 : Les préfixes séparables et verbes d'exemple

Préfixe	*Équivalent français*	Verbe d'exemple	*Équivalent français*
ab-	*de, à partir de*	**abbrechen** **abschaffen**	*interrompre, arrêter, casser* *supprimer, abolir*
an-	*à* (idée de contact)	**anfangen** **anrufen**	*commencer, débuter* *téléphoner, appeler*
auf-	*sur*	**aufgeben**	*abandonner, enregistrer* (bagages)
aus-	*de, hors de, en*	**ausbilden** **ausfallen**	*former, développer* *être annulé, tomber* (cheveux)
bei-	*chez, dans*	**beitreten**	*adhérer*
da-	*là*	**dableiben**	*rester*
ein-	pas d'équivalent	**einkaufen** **einladen**	*faire les courses, acheter* *inviter*
entgegen-	*contre, en sens inverse*	**entgegenkommen**	*venir à la rencontre, concéder*
fest-	*ferme, solide*	**festhalten**	*retenir*
fort-	pas d'équivalent (idée de continuation)	**sich fortbilden** (verbe pronominal) **fortführen**	*se perfectionner, faire de la formation continue* *continuer*
gegenüber-	*en face de*	**gegenüberstehen**	*être en face*
gleich-	*égal*	**gleichstellen**	*traiter sur un pied d'égalité*
her-	*d'ici*	**herstellen**	*fabriquer*
hin-	*vers*	**hinfahren**	*y aller*
hinzu-	*en plus*	**hinzufügen**	*ajouter*
kennen-	*connaître*	**kennenlernen**	*rencontrer, apprendre à connaître*
los-	pas d'équivalent (idée de détachement)	**losbrechen** **losfahren**	*arracher* *partir*
mit-	*avec* (dans certains cas, comme le préfixe français *co-*)	**mitarbeiten** **mitteilen**	*collaborer* *communiquer, transmettre*
nach-	*après* (dans certains cas, comme le préfixe français *re-*)	**nachlesen**	*relire*

Préfixe	*Équivalent français*	Verbe d'exemple	*Équivalent français*
statt-	pas d'équivalent	**stattfinden**	*avoir lieu* (événement)
vor-	*avant* (dans certains cas, comme le préfixe français *pré-*)	**vorbereiten**	*préparer*
weg-	pas d'équivalent (idée d'éloignement)	**wegbleiben**	*s'absenter*
zu-	pas d'équivalent (idée de fermeture)	**zulassen**	*autoriser, permettre*
zurück-	*en arrière* (dans certains cas, comme le préfixe français *re-*)	**zurückzahlen**	*rembourser*
zusammen-	*ensemble* (dans certains cas, comme le préfixe français *co-*)	**zusammenarbeiten**	*travailler ensemble, collaborer*

Les verbes à préfixe inséparable

Le préfixe et le verbe restent ensemble. La bonne nouvelle, c'est qu'une grande partie de ces verbes à préfixe inséparable sont des verbes courants en allemand. Pour cette raison, vous les reconnaîtrez facilement.

N'OUBLIEZ PAS

Les points suivants caractérisent les verbes à préfixe inséparable :

- On n'accentue pas le préfixe à l'oral.
- Le préfixe modifie le sens originel du verbe.
- Le préfixe reste collé au verbe à tous les temps.

Examinez les exemples ci-dessous :

> **Ich verspreche dir einen Rosengarten.** (*Je te promets un jardin de roses.*) Le verbe est **versprechen** (*promettre*).
>
> **Verfahren sich viele Touristen in der Stadt?** (*Y a-t-il beaucoup de touristes qui se perdent dans la ville ?*) Le verbe **verfahren** signifie *se perdre, s'égarer*. Dans les questions fermées de type oui/non, le verbe est au début de la question.

Le tableau 3-5 liste les préfixes inséparables, avec des exemples de verbes qui utilisent ce préfixe et leur traduction française.

Tableau 3-5 : Les préfixes inséparables et verbes d'exemple

Préfixe	*Équivalent français*	Verbe d'exemple	*Équivalent français*
be-	pas d'équivalent	**sich befinden** (verbe pronominal) **bekommen**	*se trouver* *obtenir, avoir*
emp-	pas d'équivalent (dans certains cas, comme le préfixe français *re-*)	**empfehlen** **empfinden**	*recommander* *ressentir*
ent-	pas d'équivalent (dans certains cas, comme le préfixe français *dé-* ou *dés-*)	**entbehren**	*être dépourvu de*
		entdecken	*découvrir*
er-	pas d'équivalent	**erklären**	*expliquer*
		ertrinken	*se noyer*
ge-	pas d'équivalent	**gebrauchen**	*utiliser*
		gefallen	*plaire*
miss-	pas d'équivalent (idée d'abus, d'erreur ; dans certains cas, comme le préfixe français *dé-* ou *dés-*)	**missbrauchen**	*abuser de*
		missverstehen	*comprendre de travers*
ver-	pas d'équivalent	**verbieten**	*interdire*
		vergessen	*oublier*
ver-	pas d'équivalent (idée d'erreur)	**sich verfahren** (verbe pronominal)	*s'égarer*
ver-	pas d'équivalent (idée d'abandon, de perte)	**verlassen**	*quitter*
		vergrößern	*agrandir*
		versprechen	*promettre*
voll-	*plein* (idée de complétude, de totalité)	**vollenden**	*accomplir*
zer-	*complètement*	**zerbrechen**	*casser*
		zerstören	*détruire*

Les verbes à préfixe mixte

Qu'appelle-t-on un préfixe mixte ? C'est un préfixe qui peut être soit séparable soit inséparable. Cela signifie qu'avec certains verbes, le préfixe est séparable, et avec d'autres verbes, il est inséparable. La liste de ces préfixes n'est pas longue.

N'OUBLIEZ PAS

Voici ce qu'il faut savoir sur les verbes à préfixe mixte :

- Certains préfixes mixtes peuvent être majoritairement séparables et d'autres majoritairement inséparables. Ainsi, **um-** est un préfixe essentiellement séparable, alors que **über**- est généralement inséparable.
- Pour certains verbes à préfixe mixte, le préfixe peut être soit séparable soit inséparable, en fonction du contexte. Le verbe dans son sens littéral a un préfixe séparable **über-** (*au-dessus, d'un côté à l'autre*), comme dans **Die Fähre setzt uns ans andere Ufer über** (*Le ferry nous fait passer sur l'autre rive*). Le verbe dans son sens figuré a un préfixe inséparable, comme dans **Sie übersetzt sehr schnell** (*Elle traduit très vite*).

Le tableau 3-6 présente une liste de verbes à préfixe mixte pour lesquels la nature du préfixe est indiquée ainsi que la traduction en français.

Tableau 3-6 : Les préfixes mixtes et verbes d'exemples

Préfixe	*Traduction française*	Verbe d'exemple	*Équivalent français*
durch- (le plus souvent sép.)	*à travers*	**durchbringen** (sép.) **durchfahren** (sép.)	*réussir à faire passer* *passer*
hinter-	*derrière*	**hinterlassen** (sép.) **hinterlassen** (insép.)	*laisser* *léguer*
über- (le plus souvent insép.)	*au-dessus de, d'un côté à l'autre*	**übernachten** (insép.) **übersetzen** (insép.) **übersetzen** (sép.)	*dormir* (dans un hôtel, etc.) *traduire* *faire passer d'un côté à l'autre*
um- (le plus souvent sép.)	*autour de*	**umsteigen** (sép.) **umziehen** (sép.)	*changer* (de train, etc.) *déménager, changer* (de vêtements)
unter-	*sous*	**unterbrechen** (insép.) **untergehen** (sép.)	*interrompre, couper* *couler, sombrer*

Préfixe	*Traduction française*	Verbe d'exemple	*Équivalent français*
wider- (le plus souvent insép.)	*contre* (idée d'opposition, comme le préfixe *contre-* en français et le préfixe *re-* dans certains cas)	**widerrufen** (insép.) **widersprechen** (insép.)	*révoquer, se rétracter, rappeler* (des produits défectueux) *contredire*
wieder-	*à nouveau, encore* (idée de répétition, comme en français le préfixe *re-* dans certains cas)	**wiederholen** (sép.) **wiederholen** (insép.)	*rapporter* *répéter, recommencer*

Chapitre 4

Apporter des nuances avec les verbes de modalité

Dans ce chapitre :

- Découvrir pourquoi les verbes modaux sont importants
- Apprendre à former et employer chacun des verbes de modalité

Vous rencontrerez les six verbes auxiliaires de modalité dans une grande variété de situations ; en fait, vous ne pourriez pas vouloir, aimer ou bien être en mesure de faire quelque chose s'ils n'existaient pas et il vous sera donc très utile de voir comment les employer au quotidien. Dans ce chapitre, je vous montre comment intégrer les verbes de modalité dans vos énoncés pour mieux vous exprimer. Vous découvrirez de quelle façon ces verbes coexistent avec les autres verbes de la phrase et comment ils peuvent s'employer seuls, sans l'ajout d'un autre verbe.

Initiation aux verbes de modalité

Les verbes de modalité sont votre atout pour communiquer votre état d'esprit ou ce que vous pensez d'une action. Ils accompagnent généralement un autre verbe et apparaissent en deuxième position dans la phrase. Le verbe qu'ils assistent se trouve généralement à la fin de la proposition. Dans les phrases interrogatives, l'ordre des mots est légèrement différent (inversion) quand il s'agit de questions fermées. (Reportez-vous au chapitre 6 pour plus d'informations sur la construction des questions.)

Le tableau 4-1 montre les verbes de modalité allemands à l'infinitif et leur traduction en français. Il présente aussi un exemple de chaque verbe et sa traduction. Découvrez les différentes façons de nuancer l'affirmation **Ich lerne Deutsch** (*J'apprends l'allemand*) à l'aide des verbes de modalité. Observez comment le verbe de modalité se place en deuxième position dans la phrase alors que le verbe principal est expédié en fin de phrase.

Tableau 4-1 : Les verbes de modalité allemands

Verbe de modalité	*Traduction*	*Exemple*	*Équivalent français*
dürfen	*avoir l'autorisation de, avoir le droit de, pouvoir*	Ich **darf** Deutsch lernen.	*J'ai l'autorisation d'apprendre l'allemand./ J'ai le droit d'apprendre l'allemand./Je peux apprendre l'allemand.*
können	*pouvoir, être capable de*	Ich **kann** Deutsch lernen.	*Je peux apprendre l'allemand./ Je suis capable d'apprendre l'allemand.*
mögen	*aimer*	Ich **mag** Deutsch lernen. (indicatif présent)	*J'aime apprendre l'allemand.*
mögen au subjonctif II	*aimer* (au conditionnel)	Ich **möchte** Deutsch lernen. (subjonctif II)	*J'aimerais apprendre l'allemand.*
müssen	*devoir*	Ich **muss** Deutsch lernen.	*Je dois apprendre l'allemand.*
sollen	*devoir* (obligation morale)	Ich **soll** Deutsch lernen.	*Il faut que j'apprenne l'allemand.*
wollen	*vouloir*	Ich **will** Deutsch lernen.	*Je veux apprendre l'allemand.*

Ces verbes ont tous des terminaisons régulières aux formes plurielles (**wir, ihr, sie et Sie**). La forme conjuguée de ces verbes de modalité est spéciale : les formes **ich** et **er/sie/es** sont identiques. C'est-à-dire que la première personne du singulier, **ich**, n'a pas de désinence en **-e** et la troisième personne du singulier, **er/sie/es**, n'a pas de désinence **-t** ou **-et**, contrairement aux autres verbes.

ASTUCE

En français, comme en allemand, on peut avoir un verbe de modalité seul, sans verbe principal associé : **Ich mag diese**

Sängerin (*J'aime cette chanteuse*). Le verbe de modalité le plus solitaire est **mögen,** qui est fréquemment employé seul, et, dans une moindre mesure, sa forme au subjonctif II **ich möchte.** (Reportez-vous aux sections « Décrire ce que l'on aime avec **mögen** » et « Parler de ses préférences avec **mögen** au subjonctif II » pour davantage de précisions sur ce verbe.)

Accorder une permission avec dürfen

Certains trouvent que les règles et les coutumes sont une entrave, mais elles donnent aux gens une idée de ce qu'ils peuvent attendre les uns des autres. Le code de la route vous autorise (ou pas) à faire quelque chose – vous avez le droit de rouler au pas à un panneau « cédez le passage » mais vous n'avez pas le droit de franchir une ligne blanche continue – ; et être poli en demandant une permission – Puis-je utiliser votre salle de bains ? Puis-je avoir un autre gâteau ? – n'est certainement pas limité aux enfants. Les adultes, partout dans le monde, savent que demander et accorder des permissions fait partie du code de la politesse.

On utilise le verbe de modalité **dürfen** pour demander ou accorder une permission.

Conjuguer le verbe

Regardez la conjugaison de **dürfen**. Elle est irrégulière aux formes du singulier : **ich, du** et **er/sie/es.** Dans le tableau, les formes irrégulières sont entièrement en gras alors que les formes régulières n'ont que leurs terminaisons en gras.

dürfen (*avoir l'autorisation de, avoir le droit de, être autorisé à, pouvoir*)	
ich **darf**	wir dürf**en**
du **darfst**	ihr dürf**t**
er/sie/es **darf**	sie dürf**en**
Sie dürf**en**	
Dürf**en** wir hier parken ? (*Avons-nous le droit de nous garer ici ?*)	

Employer le verbe

L'allemand utilise **dürfen** dans des situations très variées. Le tableau 4-2 liste quatre expressions idiomatiques fréquentes contenant **dürfen,** suivies d'une phrase d'exemple et de son équivalent français. On entend fréquemment ces expressions dans des échanges polis entre personnes qui ne se connaissent pas très bien.

Tableau 4-2 : L'emploi de dürfen dans les conversations polies

Situation	Exemple	*Équivalent français*
demander à un client ce qu'il veut acheter	Was **darf** es sein?	*Vous désirez ?/Qu'est-ce que ce sera ?*
demander à quelqu'un de rendre service, comme ouvrir la porte	**Darf** ich Sie bitten?	*Puis-je vous déranger ?*
dire que l'on veut présenter quelqu'un à quelqu'un d'autre	**Darf** ich Ihnen Frau Feuerstein vorstellen?	*Puis-je vous présenter Madame Feuerstein ?*
expliquer que quelque chose est interdit/n'est pas autorisé	Das Obst **dürfen** Sie nicht anfassen.	*Il ne faut pas toucher aux fruits.* [Littéralement : *Vous n'avez pas le droit de toucher aux fruits.*]

L'allemand utilise parfois la forme impersonnelle **man** (*on*) avec **dürfen ;** en français, on utilise les tournures « il ne faut pas » ou « on n'a pas le droit de » (*on n'a pas le droit de se garer/de s'arrêter ici*).

Généralement, l'allemand et le français emploient **dürfen** (*avoir l'autorisation de, avoir le droit de, être autorisé à, pouvoir*) dans des cas très similaires : pour demander la permission, pour accorder la permission et pour dire que quelque chose est (ou n'est pas) permis ou autorisé.

Exprimer la capacité à faire quelque chose avec können

Parmi les verbes de modalité, le verbe **können** (*pouvoir, être capable de, savoir*) est un vrai champion. En allemand, on utilise le verbe **können** dans les cas suivants :

- Vous *savez* ou vous *ne savez pas* faire quelque chose (nager, conduire, pratiquer un sport, jouer d'un instrument de musique, etc.) :

  Kannst du schwimmen/fahren? (*Sais-tu nager/ conduire ?*)

  Kannst du Tennis/Tischtennis/Volleyball/Schach/Poker spielen? (*Sais-tu jouer au tennis/au ping-pong/au volley/ aux échecs/au poker ?*)

  Er kann Geige/Klavier/Keyboards/Gitarre/Klarinette/ Saxophon spielen. (*Il sait jouer du violon/du piano/du synthé/de la guitare/de la clarinette/du saxophone.*) En allemand, on n'utilise pas l'article défini **der, die, das** [*le, la, l', les*] pour dire que l'on pratique un sport, joue à un jeu ou que l'on joue d'un instrument de musique. Notez également qu'en français, on emploie le verbe *savoir* (et non pas *pouvoir*) pour désigner ce type de compétences.

- Vous êtes capable de faire quelque chose :

  Ich kann bis Mittag schlafen. (*Je peux dormir jusqu'à midi.*)

- Vous voulez *demander* ou *offrir de l'aide* de manière polie mais directe :

  Können Sie mir sagen, wo der Bahnhof/die Straßenbahnhaltestelle/das Hotel Blaue Gans/das Kunstmuseum ist? (*Pourriez-vous me dire où est la gare/ l'arrêt du tramway/l'hôtel Blaue Gans/le musée d'art ?*)

ASTUCE

Notez la virgule après la première proposition. En allemand, on a besoin de cette virgule pour séparer la proposition subordonnée (**wo der Bahnhof ist?**) de la proposition principale (**Können Sie mir sagen**). Les propositions subordonnées commencent souvent avec des mots comme **wo** (*où*), **was** (*ce que*), **wie viel** (*combien*), **wer** (*qui*) et **warum** (*pourquoi*). Le verbe conjugué de la proposition subordonnée, **ist** (*est*), est rejeté à la fin de la phrase.

Conjuguer le verbe

Observez la conjugaison de **können.** Le verbe est irrégulier aux formes du singulier du présent de l'indicatif : **ich, du** et **er/sie/es.** Dans le tableau, les formes irrégulières sont entièrement en gras alors que les formes régulières n'ont que leurs terminaisons en gras.

können (*pouvoir, être capable de, savoir*)	
ich **kann**	wir könn**en**
du **kannst**	ihr könn**t**
er/sie/es **kann**	sie könn**en**
Sie könn**en**	
Kannst du mir helfen? (*Peux-tu m'aider ?*)	

Employer le verbe

Notez que l'allemand décrit ce qui peut ou ne peut pas être fait en utilisant **können**, sans verbe principal.

Typiquement, vous entendrez les expressions du tableau 4-3 dans des conversations courantes.

Tableau 4-3 : L'emploi de können sans verbe principal

Situation	Exemple	*Équivalent français*
pour dire que quelqu'un parle une langue	Meine Frau **kann** sehr gut Französisch.	*Ma femme parle très bien français.*
pour dire que l'on abandonne	Ich **kann nicht weiter**. Es ist zu schwer.	*Je n'en peux plus. C'est trop difficile.*
pour expliquer que l'on ne peut s'empêcher de faire quelque chose	Ich **kann nichts dafür**. Es schmeckt so gut!	*Je n'y peux rien. C'est tellement bon ! (en s'excusant de prendre une troisième part de gâteau au chocolat)*
pour indiquer que l'on peut faire quelque chose	Das **kann** ich wohl!	*Bien sûr que je peux le faire !*

N'OUBLIEZ PAS

Le verbe **können** peut se combiner avec des verbes pronominaux (ce sont des verbes qui utilisent un pronom réfléchi [*me, te, se,* etc.]). (Pour davantage d'informations sur les verbes pronominaux, reportez-vous au chapitre 3.) Le tableau 4-4 liste quelques verbes pronominaux fréquemment employés avec **können.**

Tableau 4-4 : L'emploi de können avec des verbes pronominaux

Situation	Exemple	*Équivalent français*
pour dire qu'on (ne) peut (pas) se décider	Ich **kann mich** nicht **entscheiden**.	*Je ne peux pas me décider.*
pour exprimer que l'on peut se permettre quelque chose	Wie **kannst** du **dir** so etwas **erlauben**?	*Comment peux-tu te le permettre ?*
avoir les moyens (ou ne pas avoir les moyens) de s'acheter quelque chose	Wir **können uns** kein teueres Auto **leisten**.	*Nous n'avons pas les moyens de nous acheter une voiture chère.*
pour assurer qu'on peut faire confiance à quelqu'un/ quelque chose	Sie **können sich** auf mich **verlassen**.	*Vous pouvez compter sur moi.*

Décrire ce que l'on aime avec mögen

Vous voulez parler de ce que vous aimez et de ce que vous n'aimez pas ? Le verbe **mögen** est fait pour vous. Considérez ces phrases : **Magst du kaltes Wetter?** (*Aimes-tu le temps froid ?*) – **Nein, ich mag den Winter überhaupt nicht.** (– *Non, je n'aime pas du tout l'hiver.*) Vous avez envie de déclarer vos sentiments à quelqu'un ? Essayez **ich mag dich** (*je t'aime bien*).

Le verbe de modalité **mögen** est à double facette. Pourquoi ? Parce que **mögen** (*aimer*) est très souvent employé au subjonctif, sous les formes **ich möchte, du möchtest**, etc. (*j'aimerais, tu aimerais, etc.*). (Reportez-vous à la section suivante pour plus d'informations sur **ich möchte.**)

Conjuguer le verbe

Ce tableau vous montre la conjugaison de **mögen.** Le verbe suit le modèle des verbes de modalité : il est irrégulier aux formes du singulier : **ich, du** et **er/sie/es.** Dans le tableau, les formes irrégulières sont entièrement en gras alors que les formes régulières n'ont que leurs terminaisons en gras.

mögen (*aimer*)	
ich **mag**	wir mög**en**
du **magst**	ihr mög**t**
er/sie/es **mag**	sie mög**en**
Sie mög**en**	
Ich **mag** klassische Musik. (*J'aime la musique classique.*)	

Employer le verbe

Le sens principal de **mögen** est *aimer* quelqu'un ou quelque chose. Quand vous parlez de vos préférences, vous n'avez généralement pas besoin d'ajouter un autre verbe :

> **Magst du diese Sängerin?** (*Aimes-tu cette chanteuse ?*)
>
> **Er mag kein Starkbier.** (*Il n'aime pas la bière forte.*)

Quand vous voulez indiquer que vous n'aimez pas quelqu'un ou quelque chose, vous ajoutez **nicht** à la fin de la phrase quand il n'y a pas d'autre verbe :

> **Ihr mögt diese Farbe nicht.** (*Vous n'aimez pas cette couleur.*)
>
> **Mögen sie Schokoladeneis nicht?** (*Ils n'aiment pas la glace au chocolat ?*)

N'OUBLIEZ PAS

Pour ajouter un peu de tonus à **mögen,** vous pouvez utiliser un certain nombre d'expressions comme **gern** (**gern** est analogue à *beaucoup* quand il est associé à **mögen**). J'ai ordonné la liste du plus positif au plus négatif :

- **mögen... besonders gern** (*aimer particulièrement*) : **Ich mag Bratkartoffeln besonders gern.** (*J'aime particulièrement les pommes de terre sautées.*)
- **mögen... (sehr) gern** (*aimer [vraiment] beaucoup*) : **Ich mag Kartoffelklöße (sehr) gern.** (*J'aime [vraiment] beaucoup les boulettes de pommes de terre.*) Dans l'Allemagne du Sud et en Autriche, les **Klöße** s'appellent des **Knödel ;** ce sont des boulettes cuites à l'eau, à base de purée de pommes de terre et de farine.
- **mögen... nicht gern** (*ne pas aimer beaucoup*) : **Ich mag Pommes frites nicht gern.** (*Je n'aime pas beaucoup les frites.*)

- **mögen... überhaupt nicht gern** (*ne pas aimer du tout*) : **Ich mag Salzkartoffeln überhaupt nicht gern.** (*Je n'aime pas du tout les pommes de terre à l'eau.*)

Quelques expressions idiomatiques utilisent **mögen :**

- **Das mag sein.** (*C'est possible.*)
- **Ich mag ihn leiden.** (*Je l'aime bien.*) Vous pouvez aussi laisser de côté **leiden** (**Ich mag ihn.**) sans changer le sens de la phrase, mais **leiden** insiste sur le fait de bien aimer quelqu'un.
- **Darin mögen Sie Recht haben.** (*Il se peut que vous ayez raison.*)

Parler de ses préférences avec mögen au subjonctif II

La vie est remplie de choix, et vous avez sûrement des idées sur ce que vous préférez. Quand **der Kellner/die Kellnerin** (*le serveur/la serveuse*) me demande ce que j'aimerais dans un restaurant allemand – **"Was möchten Sie?"** (*Qu'aimeriez-vous ?*), je commence par commander à boire d'abord – **"Ich möchte eine Apfelsaftschorle"** (*J'aimerais une limonade à la pomme*). Ainsi, vous avez le temps de lire attentivement les huit pages de menu et de commander plus tard votre repas.

Conjuguer mögen au subjonctif II

Regardez la conjugaison de **mögen** au subjonctif II. Les terminaisons sont en gras.

mögen (au subjonctif II)	
ich möcht**e** (*j'aimerais*)	wir möcht**en** (*nous aimerions*)
du möcht**est** (*tu aimerais*)	ihr möcht**et** (*vous aimeriez*)
er/sie/es möcht**e** (*il/elle aimerait*)	sie möcht**en** (*ils/elles aimeraient*)
Sie möcht**en** (*vous aimeriez*)	
Ich möcht**e** am Wochenende Rad fahren. (*J'aimerais faire du vélo ce week-end.*)	

Employer le verbe mögen au subjonctif II

Au présent comme au subjonctif II, il n'est pas toujours nécessaire d'ajouter un verbe principal pour exprimer ce que l'on souhaite indiquer. Avec **mögen** au subjonctif II, on peut omettre les verbes suivants :

- **essen** (*manger*)
- **trinken** (*boire*)
- **haben** (*avoir*)
- **fahren** (*aller* [en véhicule])
- **gehen** (*aller* [à pied])

Regardez les deux phrases d'exemples, avec ou sans le verbe principal. Si l'on suppose qu'elles sont employées dans un restaurant, la signification de la première phrase, qui n'a pas de verbe principal, est évidente :

Ich möchte ein Glas Rotwein, bitte. (*J'aimerais un verre de vin rouge, s'il vous plaît.*)

Ich möchte ein Glas Rotwein trinken, bitte. (*J'aimerais boire un verre de vin rouge, s'il vous plaît.*) Vous pouvez aussi utiliser **haben** (*avoir*) à la place de **trinken** et vous obtiendrez également un verre de vin rouge.

L'allemand exprime souvent une préférence en associant **mögen** au subjonctif II avec **lieber** (*plus volontiers, plutôt*). Dans le dialogue d'exemple, **haben** est entre parenthèses car il n'est pas nécessaire de l'indiquer dans le contexte :

Möchten Sie einen Fensterplatz (haben)? (*Voudriez-vous [avoir] un siège côté fenêtre ?*)

– Nein, ich möchte lieber einen Gangplatz (haben). (*– Non, j'aimerais plutôt/je préférerais [avoir] un siège côté couloir.*)

Indiquer l'obligation et la nécessité avec müssen

Müssen correspond sensiblement au verbe français *devoir*, même si dans certains contextes, on le traduit plus volontiers pas d'autres expressions qui expriment elles aussi l'idée d'obligation, comme *être obligé de, il faut.* En revanche, même si cela peut paraître surprenant, *je ne dois pas* correspond à **ich darf nicht** en allemand, avec le verbe de modalité **dürfen** (*avoir l'autorisation de*). (Reportez-vous à la section précédente sur **dürfen** si vous n'êtes pas tout à fait au clair sur les différences entre les deux verbes.)

Les sections suivantes vous montrent comment conjuguer le verbe **müssen** et comment l'employer.

Conjuguer le verbe

Regardez la conjugaison de **müssen.** Comme une partie de ses camarades, ce verbe de modalité est irrégulier aux formes du singulier : **ich, du** et **er/sie/es.** Les formes irrégulières sont entièrement en gras alors que les formes régulières n'ont que leurs terminaisons en gras.

müssen (*devoir, être obligé de*)	
ich **muss**	wir müss**en**
du **musst**	ihr müss**t**
er/sie/es **muss**	sie müss**en**
Sie müss**en**	
Er **muss** morgen früh aufstehen. (*Il doit se lever tôt demain./Il faut qu'il se lève tôt demain.*)	

Employer le verbe

Ne pensez pas que **ich muss nicht** est l'équivalent de *je ne dois pas.* Quand vous mettez **müssen** à la forme négative, les similitudes entre **müssen** et *devoir* disparaissent. L'allemand a deux moyens d'indiquer que quelque chose est interdit ou simplement pas obligatoire :

- **nicht dürfen** (*ne pas avoir le droit de, ne pas être autorisé à*) : c'est un non formel, une interdiction forte, comme dans **Du darfst das nicht trinken** (Tu *ne dois pas* boire ça/Tu *n'as pas le droit* de boire ça).
- **nicht müssen** (*ne pas être obligé de*) : c'est une absence de nécessité ou d'obligation, comme dans **Du musst das nicht trinken** (Tu *n'es pas obligé de* boire ça).

Donner des conseils avec sollen

Dans la vie, il y a des choses que l'on doit faire (obligatoirement) et des choses que l'on est censé faire. La plupart d'entre nous préfèrent celles que l'on est censé faire, parce qu'il est plus facile de les remettre à plus tard. Alors que sa déclaration de revenus, mieux vaut ne pas trop tarder pour la faire… En revanche, perdre un temps précieux en vacances pour faire tout ce que l'on a noté sur une liste est quelque chose qu'on ne devrait pas faire… car la liste des choses à faire ne fait qu'augmenter, augmenter, jusqu'à ce qu'elle tombe par mégarde dans la poubelle.

Quand vous voulez décrire une action que vous *devriez* ou *ne devriez pas* faire, que vous êtes censé ou *n'*êtes pas censé faire, **sollen** est le verbe qu'il vous faut.

Conjuguer le verbe

Regardez la conjugaison de ce verbe de modalité dans le tableau suivant. **Sollen** est irrégulier à deux endroits seulement – les formes **ich** et **er/sie/es**. Les formes irrégulières sont entièrement en gras alors que les formes régulières n'ont que leurs terminaisons en gras.

sollen (*devoir* [avoir l'obligation morale de])	
ich **soll**	wir soll**en**
du soll**st**	ihr soll**t**
er/sie/es **soll**	sie soll**en**
Sie soll**en**	
Du soll**st** die Katze füttern. (*Il faut que tu donnes à manger au chat.*)	

Employer le verbe

En tant que locuteur non natif de l'allemand, vous devez faire attention à ne pas paraître trop directif quand ce n'est pas nécessaire. **Sollen**, le verbe de modalité du devoir moral, est le verbe à utiliser pour donner un conseil ou exprimer un devoir qui est une action attendue, que les autres sont censés faire. La version négative, **nicht sollen**, exprime ce que vous ne devriez pas faire, ce que vous n'êtes pas censé faire : **Du sollst das nicht trinken** (*Tu ne devrais pas boire ça*). Son cousin **müssen** est le verbe de modalité de l'obligation et s'emploie pour donner des ordres très directifs (cf. la section précédente sur **müssen**).

ASTUCE

Sollen n'exprime pas toujours un devoir, une obligation. Le verbe peut aussi impliquer qu'une idée est bonne, en particulier si elle est posée sous forme de question.

Soll ich in die neue Kunstausstellung gehen? (*Est-ce que je devrais aller voir la nouvelle exposition d'art ?*)

Ja, bestimmt. Wir sollen zusammen dorthin gehen. (*Oui, absolument. Nous devrions y aller ensemble.*)

Déclarer ses intentions avec wollen

Que vos souhaits et désirs soient grandioses, modestes ou terre-à-terre, vous pouvez tous les exprimer avec **wollen**, le verbe de la volonté.

Conjuguer le verbe

Comme d'autres verbes de la bande des verbes de modalité, **wollen** est irrégulier aux formes suivantes : **ich, du** et **er/sie/es** – les formes du singulier. Les formes irrégulières sont entièrement en gras alors que les formes régulières n'ont que leurs terminaisons en gras.

wollen (*vouloir*)	
ich **will**	wir woll**en**
du **willst**	ihr woll**t**
er/sie/es **will**	sie woll**en**
Sie woll**en**	
Ich **will** jetzt nach Hause fahren. (*Je veux rentrer à la maison maintenant.*)	

Employer le verbe

Quand vous voulez obtenir quelque chose de quelqu'un, vous pouvez être très direct et employer le verbe **wollen** – vous *voulez* quelque chose. Vous pouvez exprimer votre souhait de façon plus polie et dans ce cas, vous aurez recours au verbe **mögen** au subjonctif II. Comparez les deux phrases d'exemples qui suivent. La personne qui parle a été invitée à dîner et se trouve dans la salle de séjour de son hôte.

Ich will fernsehen. (*Je veux regarder la télévision.*) L'invité est simplement en train d'exprimer un fait, il dit ce qu'il veut faire ou a l'intention de faire. Il n'y a pas d'indice, direct ou indirect de requête.

Ich möchte fernsehen. (*J'aimerais regarder la télévision.*) L'invité utilise **möchte**, ce qui le rend beaucoup plus poli. Une question va sûrement suivre ce souhait, du genre : **Haben Sie etwas dagegen?** (*Est-ce que cela vous dérange ?*)

ASTUCE

Les expressions utilisant **wollen** dans les phrases suivantes montrent que son sens peut être légèrement modifié lorsqu'il se trouve en présence d'autres mots :

- **wollen... gern** + **infinitif :** insiste sur le désir. (***Remarque :*** reportez-vous à la section de ce chapitre sur **mögen** pour davantage de manières d'utiliser **gern.**) Par exemple, **Er will gern Musik hören** (*Il a envie d'écouter de la musique*).
- **wollen... unbedingt :** souligne que vous voulez absolument faire quelque chose, sans faute, comme dans **Ich will unbedingt nach Australien reisen** (*Je meurs d'envie d'aller en Australie.*)
- **wie** + **sujet** + **wollen :** indique que la décision est laissée au choix de quelqu'un d'autre, comme dans **Wie Sie wollen** (*Comme il vous plaira*).
- **wollen nichts damit zu tun haben :** note que le sujet ne veut pas être impliqué dans quelque chose, comme dans **Ich will nichts damit zu tun haben** (*Je ne veux rien avoir à voir avec ça*).

Chapitre 5

Décrire et relier vos idées

Dans ce chapitre :

- Trouver les bonnes terminaisons pour les adjectifs
- Modifier les adjectifs avec des adverbes
- Comparer avec des adjectifs et des adverbes
- Utiliser les prépositions

Les adjectifs et les adverbes sont les mots qui servent à décrire la taille et la forme, la couleur et le style, le tempo et la manière et beaucoup d'autres choses encore. Ce chapitre vous aide à décliner et employer les adjectifs et les adverbes afin que vous puissiez décrire et comparer des objets, des personnes et des activités.

Ce chapitre vous fait réviser les prépositions en allemand, ces mots qui montrent la relation entre des noms et d'autres mots de la phrase, et le rôle des cas/déclinaisons. En outre, les prépositions vous permettent d'indiquer un emplacement ou bien une direction.

Décliner les adjectifs

Avant qu'un adjectif puisse accompagner un nom, il a souvent besoin d'une terminaison qui reflète le genre et le cas de ce nom. (Je vous dis tout sur les déclinaisons au chapitre 2.) En allemand, contrairement au français, l'adjectif est généralement placé avant le nom auquel il se rapporte : **meine schwarzen Handschuhe** (*mes gants noirs*). L'allemand dispose aussi d'adjectifs possessifs, des mots qui indiquent l'appartenance, la propriété comme, en français *mon, ma, mes, ton, ta, tes, son* etc.

Dans les sections suivantes, je vous montre quelles désinences ajouter aux deux types d'adjectifs, le cas échéant.

Adjectifs qualificatifs

La terminaison d'un adjectif qualificatif dépend de plusieurs facteurs : s'il apparaît tout seul avant un nom, ou bien après des articles ou des déterminants (comme *ces*). Dans les sections suivantes, nous verrons quelles désinences ajouter en fonction des circonstances.

N'OUBLIEZ PAS

En ce qui concerne les désinences, toutefois, les adjectifs n'en ont pas besoin dans toutes les phrases. Un adjectif n'a pas de désinence après les verbes d'état comme **sein** (*être*), **werden** (*devenir*) ou **bleiben** (*rester*), etc. s'il se rapporte au sujet. On dit que l'adjectif est attribut du sujet. En allemand, l'adjectif attribut reste invariable, contrairement à ce qui se passe en français. Il ne s'accorde que lorsqu'il est épithète. Étudiez les deux exemples d'adjectifs attributs du sujet, qui ne s'accordent pas :

Das Wetter bleibt warm. (*Le temps reste beau.*) L'adjectif en allemand est invariable, car il est attribut du sujet **das Wetter**.

Die Berge in Bayern sind wunderschön. (*Les montagnes de Bavière sont superbes.*) L'adjectif en allemand est invariable, car il est attribut du sujet **die Berge**.

Décliner les adjectifs épithètes non précédés de mots en der- ou ein- (déclinaison forte)

En allemand, quand on décrit quelque chose de façon générale ou que l'on énonce des vérités générales, on n'utilise pas d'article. Par exemple, **frische Ananas sind teuer** signifie *les ananas frais sont chers*. Il s'agit d'ananas en général dont on parle, pas des ananas que l'on a vus au supermarché ou que l'on va manger le soir même. En français, on utilise l'article défini *les* alors qu'en allemand, il n'y a pas d'article. Lorsqu'il n'y a pas d'article, l'adjectif prend les marques de la déclinaison forte, décrites dans le tableau 5-1. Dans l'exemple ci-dessus, **frisch** est au nominatif pluriel, comme le mot **Ananas** qu'il accompagne, et la désinence pour **frisch** est **-e**.

N'OUBLIEZ PAS

Voici les caractéristiques des adjectifs épithètes qui ne sont pas précédés de mots en **der-** ou **ein-** :

- Dans la mesure où rien d'autre que l'adjectif ne précède le nom, celui-ci doit indiquer le genre et le cas du nom ; il joue un rôle d'agent double, à la fois adjectif et article.
- Ces adjectifs ont essentiellement les mêmes terminaisons que les mots en **der-**, à l'exception du génitif masculin et neutre pour lequel la désinence est -**en.**

Le tableau 5-1 présente les désinences des adjectifs qui s'accordent en cas, en nombre et en genre avec le nom modifié ; elles sont indiquées en gras. Ajoutez ces désinences aux adjectifs qui ne sont pas précédés par des mots en **der-** ou **ein-**.

Tableau 5-1 : Les désinences des adjectifs épithètes non précédés de mots en der- ou ein- (déclinaison forte)

Cas	***Masculin***	***Féminin***	***Neutre***	***Pluriel***
Nominatif (sujet)	**-er** gut**er** Käse (*du bon fromage*)	**-e** schmackhaft**e** Wurst (*de la saucisse savoureuse*)	**-es** lecker**es** Brot (*du pain délicieux*)	**-e** köstlich**e** Kuchen (*des gâteaux exquis*)
Accusatif (objet direct)	**-en** gut**en** Käse	**-e** schmackhaft**e** Wurst	**-es** lecker**es** Brot	**-e** köstlich**e** Kuchen
Datif (objet indirect)	**-em** gut**em** Käse	**-er** schmackhaft**er** Wurst	**-em** lecker**em** Brot	**-en** köstlich**en** Kuchen
Génitif (complément du nom)	**-en** gut**en** Käses	**-er** schmackhaft**er** Wurst	**-en** lecker**en** Brotes	**-er** köstlich**er** Kuchen

Quelques exemples :

Leckeres Brot findet man überall in deutschen Bäckereien. (*On trouve du pain délicieux dans toutes les boulangeries allemandes.*) L'adjectif **lecker** + **-es** (*délicieux*) décrit le nom **(das) Brot** (*pain*) ; **leckeres Brot** est à l'accusatif, parce que c'est un objet direct. La désinence de l'accusatif singulier neutre pour les adjectifs non précédés d'un article est -**es**.

Es gibt köstliche Kuchen in österreichischen Cafés. (*Il y a des gâteaux exquis dans les cafés autrichiens.*) L'adjectif **köstlich** + **-e** décrit le nom **(der) Kuchen** au pluriel. **Köstliche Kuchen** est à l'accusatif parce que c'est un complément d'objet direct. La désinence de l'accusatif pluriel pour les adjectifs non précédés d'un article est **-e**.

Décliner les adjectifs épithètes précédés d'un article ou d'un déterminant (déclinaison faible)

Lorsque vous voulez être spécifique à propos de quelque chose, vous utilisez des déterminants comme *le*, *ces* ou *un*, par exemple : *la peinture moderne*, *ces films violents* ou *un restaurant fantastique*. En français, vous ajoutez simplement l'adjectif de votre choix, vous l'accordez en genre et en nombre et le tour est joué. Pas si simple en allemand. Le déterminant et l'adjectif doivent porter la terminaison non seulement du genre et du nombre mais aussi du cas du nom qu'ils modifient.

Le tableau 5-2 présente les désinences qui conviennent pour un adjectif précédé par un article (comme **der/die/das** ou **ein/eine**) ou d'autres mots qui servent à le modifier (les mots en **der-**, comme **dieser** et **solcher**, et les mots en **ein-**, comme **mein** et **kein**). Les adjectifs précédés apparaissent dans des phrases qui comportent un article ou un autre déterminant, un adjectif et un nom.

Tableau 5-2 : Les désinences des adjectifs épithètes précédés d'un article (déclinaison faible)

Cas	*Masculin*	*Féminin*	*Neutre*	*Pluriel*
Nominatif (sujet)	**der** lustig**e** Mann (*l'homme joyeux*)	**die** glücklich**e** Frau (*la femme heureuse*)	**das** brav**e** Kind (*l'enfant sage*)	**die** brav**en** Kinder (*les enfants sages*)
	ein lustig**er** Mann (*un homme joyeux*)	ein**e** glücklich**e** Frau (*une femme heureuse*)	ein brav**es** Kind (*un enfant sage*)	kein**e** brav**en** Kinder (*pas d'enfants sages*)
Accusatif (objet direct)	**den** lustig**en** Mann	**die** glücklich**e** Frau	**das** brav**e** Kind	**die** brav**en** Kinder
	ein**en** lustig**en** Mann	ein**e** glücklich**e** Frau	ein brav**es** Kind	kein**e** brav**en** Kinder

Cas	*Masculin*	*Féminin*	*Neutre*	*Pluriel*
Datif (objet indirect)	**dem** lustig**en** Mann ein**em** lustig**en** Mann	**der** glücklich**en** Frau ein**er** glücklich**en** Frau	**dem** brav**en** Kind ein**em** brav**en** Kind	**den** brav**en** Kinder**n** kein**en** brav**en** Kinder**n**
Génitif (complément du nom)	**des** lustig**en** Mann**es** ein**es** lustig**en** Mann**es**	**der** glücklich**en** Frau ein**er** glücklich**en** Frau	**des** brav**en** Kind**es** **eines** brav**en** Kind**es**	**der** brav**en** Kinder kein**er** brav**en** Kinder

Adjectifs possessifs

Les adjectifs possessifs sont des mots qui décrivent une relation entre un propriétaire et ce qui est possédé ; il s'agit de mots comme *mon, ton, son, nos*, etc. Il est facile de savoir comment décliner les adjectifs possessifs parce qu'ils sont regroupés avec les mots en **ein-** (ils ont les mêmes désinences, même s'ils ne riment pas tous avec **ein**). Les mots en **ein-** comprennent **ein**, **kein** et tous les adjectifs possessifs.

Les adjectifs possessifs singuliers sont **mein** (*mon, ma, mes*), **dein** (*ton, ta, tes*), **sein** (*son, sa, ses* – quand le propriétaire est de sexe masculin ou est un nom masculin), **ihr** (*son, sa, ses* – quand il s'agit d'une propriétaire ou d'un nom féminin) et **sein** (*son, sa, ses* – quand le propriétaire est un mot neutre). Les adjectifs possessifs pluriels sont **unser** (*notre, nos*), **euer** (*votre, vos*), **ihr** (*leur, leurs*) et **Ihr** (*votre, vos* – pour la formule de politesse, singulier et pluriel).

Le tableau 5-3 récapitule les désinences des adjectifs possessifs (cas et genres). Il suit le même modèle que **ein** et **kein** que vous avez déjà observé dans le tableau 5-2. Le tableau ci-dessous récapitule les formes de **mein** et **unser**. Tous les autres adjectifs possessifs utilisent ces mêmes désinences. Les désinences sont indiquées séparément en caractères gras.

Tableau 5-3 : Les désinences des adjectifs possessifs avec exemples à la 1re personne

Cas	*Masculin*	*Féminin*	*Neutre*	*Pluriel*
Nominatif (sujet)	- mein, unser	**-e** mein**e**, unser**e**	- mein, unser	**-e** mein**e**, unser**e**
Accusatif (objet direct)	**-en** mein**en**, unser**en**	**-e** mein**e**, unser**e**	- mein, unser	**-e** mein**e**, unser**e**
Datif (objet indirect)	**-em** mein**em**, unser**em**	**-er** mein**er**, unser**er**	**-em** mein**em**, unser**em**	**-en** mein**en**, unser**en**
Génitif (complément du nom)	**-es** mein**es**, unser**es**	**-er** mein**er**, unser**er**	**-es** mein**es**, unser**es**	**-er** mein**er**, unser**er**

Modifier les adjectifs avec les adverbes

Les adverbes modifient les verbes, mais ils peuvent aussi modifier les adjectifs. Afin d'exprimer le fait que quelque chose ou quelqu'un est très bon, particulièrement intéressant ou vraiment motivé, on utilise des adverbes qui modifient le sens des adjectifs. Les adverbes utilisés en allemand sont **besonders** (*spécialement*), **etwas** (*plutôt, un peu*), **relativ** (*relativement*), **sehr** (*très*), **viel** (*beaucoup*), **wirklich** (*vraiment*) et **ziemlich** (*assez*).

ASTUCE

Pour utiliser un adverbe qui modifie un adjectif, placez l'adverbe avant l'adjectif à modifier, c'est tout ! Si l'adjectif précède le nom qu'il modifie (c'est-à-dire qu'il est épithète), ajoutez-lui la désinence qui convient. Examinez les exemples ci-dessous :

> **Der Sommer war etwas wärmer als in vergangenen Jahren**. (*L'été a été un peu plus chaud que les années précédentes.*) L'adverbe **etwas** modifie l'adjectif **wärmer** qui est au comparatif de supériorité. L'adjectif **wärmer** n'a pas besoin de désinence parce qu'il ne précède pas le nom qu'il modifie, **der Sommer**. Il est attribut du sujet.

> **Letztes Jahr hatten wir einen ziemlich langen Winter**. (*L'année dernière nous avons eu un hiver assez long.*) L'adverbe **ziemlich** modifie l'adjectif **lang : einen**

ziemlich langen. *L'hiver* est l'objet direct de la phrase, et les autres éléments **einen** et **langen** portent la désinence de l'accusatif masculin singulier, comme **Winter.**

Comparer avec des adjectifs et des adverbes

Lorsque vous établissez des comparaisons en allemand, vous devez savoir comment modifier les voyelles de certains mots tout en prenant en compte leur rôle dans la phrase. Certains adjectifs et adverbes suivent un modèle régulier alors que d'autres sont irréguliers. Je vous présente les deux cas dans les sections suivantes.

Les formes régulières du comparatif

De nombreux adjectifs et adverbes allemands forment leur comparatif de façon régulière.

Formation du comparatif

Pour former le comparatif de supériorité d'un adjectif ou d'un adverbe, ajouter la désinence **-er** à la forme de base du mot (celle notée dans le dictionnaire) – par exemple, **witzig → witziger** (*spirituel → plus spirituel*). La traduction en allemand de *que* dans une comparaison est **als**.

Mein Onkel Richard ist nett, aber meine Tante Christel ist netter als Onkel Richard. (*Mon oncle Richard est gentil mais ma tante Christel est plus gentille qu'oncle Richard.*)

Onkel Richard fährt schnell, aber Tante Christel fährt schneller als Onkel Richard. (*Oncle Richard conduit vite, mais tante Christel conduit plus vite qu'oncle Richard.*)

Pour former le comparatif de supériorité des adjectifs qui se terminent en **-el** et **-er**, il faut supprimer le dernier **-e** de la forme de base et ajouter **-er** à la fin du mot : **dunkel → dunkler** (*sombre → plus sombre*), **teuer → teurer** (*cher → plus cher*).

Pour utiliser un adjectif épithète au comparatif de supériorité, il suffit de suivre les mêmes consignes que celles se rapportant aux adjectifs épithètes non précédés de mots en **der-** ou **ein-**. Examinez les exemples suivants qui vous montrent deux scénarios différents pour les terminaisons des adjectifs précédés d'un déterminant :

Du hast ein neueres Auto als ich. (*Tu as une voiture plus neuve que moi.*) L'objet direct, **ein neueres Auto**, est à l'accusatif et au singulier. L'article indéfini **ein** (*un*) n'a pas de désinence à l'accusatif singulier : il est neutre parce qu'il s'accorde avec un nom neutre : **(das) Auto**. À la forme de base de l'adjectif **neu** (*neuf*) on a ajouté la désinence du comparatif de supériorité **-er** + la désinence du neutre singulier **-es** pour former **neueres (neu** + **-er** + **-es)**.

Peter hat einen Wagen. Ich auch. Ich habe den kleineren Wagen. (*Peter a une voiture. Moi aussi. J'ai la voiture la plus petite.* Mot à mot, *j'ai la voiture plus petite* [sous-entendu, *des deux voitures que l'on compare*].) L'objet direct, **den kleineren Wagen**, est à l'accusatif et au singulier. L'article défini **den** (*le*) porte la désinence de l'accusatif masculin : il est au masculin pour s'accorder avec le genre du nom qu'il accompagne : **(der) Wagen**. À la forme de base de l'adjectif **klein** (*petit*), on a ajouté la désinence **-er** du comparatif de supériorité + la désinence de l'accusatif masculin singulier **-en** pour former **kleineren (klein** + **-er** + **-en)**. Remarquez qu'en français on utilise le superlatif (*la plus petite*) alors qu'en allemand, on utilise le comparatif de supériorité lorsqu'il n'y a que deux éléments que l'on compare.

En français, le comparatif de supériorité se forme sans l'ajout d'une désinence mais avec le mot *plus* : *plus intelligent* ou *plus intéressant*. L'allemand n'utilise pas **mehr** (*plus*) avec les adjectifs et les adverbes, il n'utilise que la désinence **-er** : **intelligenter** ou **interessanter**.

Formation du superlatif

La forme du superlatif pour les adjectifs attributs et les adverbes est la suivante : **am** + adjectif/adverbe + **-sten** :

Diese Kollegin ist am freundlichsten. (*Cette collègue est la plus sympa.*) **Freundlich** est la forme de base de l'adjectif et **am freundlichsten** celle du superlatif.

Tante Gisela kocht am besten. (*C'est tante Gisela qui cuisine le mieux.*) **Gut** est la forme de base de l'adverbe ; **am besten** est la forme du superlatif (c'est un superlatif irrégulier).

Pour les adjectifs épithètes, l'adjectif au superlatif se place souvent avant le nom qu'il modifie, ce qui veut dire qu'il doit s'accorder en genre, en nombre et en cas avec ce nom. La forme du superlatif de ces adjectifs épithètes s'obtient en ajoutant **-st** à la forme de base puis la désinence de l'adjectif : **höflich → höflichst-** + désinence de l'adjectif (*poli → le plus poli*).

Manuela ist die höflichste Kollegin im Büro. (*Manuela est la collègue la plus polie au bureau.*) **Höflich** est la forme de base de l'adjectif ; **die höflichst-** + **-e (Kollegin)** est le nominatif féminin singulier du superlatif.

Onkel Kalle hat das schönste Haus. (*Oncle Kalle a la plus belle maison.*) **Schön** est la forme de base de l'adjectif ; **das schönst-** + **-e (Haus)** est la forme du superlatif qui s'accorde avec l'accusatif singulier neutre du nom **das Haus.**

La forme du superlatif des adjectifs qui se terminent en **-t** ou **-z** (et de quelques autres) s'obtient en ajoutant **-e** + **-st** = **-est** pour faciliter la prononciation : **elegantest-** (*le plus élégant*). Ainsi, **Du findest die elegantesten Schuhe bei Salamander** (*Tu trouveras les chaussures les plus élégantes chez Salamander* [nom d'une chaîne allemande de magasins de chaussures très connue]). **Elegant** est la forme de base de l'adjectif ; **die elegant-** + **-est-** + **-en** est la forme du superlatif à l'accusatif pluriel qui s'accorde avec le nom **Schuhe**.

Quelques comparatifs courants

Le tableau 5-4 présente une liste d'adjectifs et d'adverbes souvent utilisés pour établir des comparaisons. La quatrième colonne répertorie les différences orthographiques, comme dans le cas de **nett → netter → am nettesten** où l'on ajoute un **-e** avant la désinence **-st** du superlatif.

Tableau 5-4 : Les comparatifs de supériorité et superlatifs réguliers

Français	*Base*	*Comparatif de supériorité*	*Superlatif*	*Variations orthographiques*
modeste	**bescheiden**	**bescheidener**	**am bescheidensten (bescheidenst-)**	
bon marché	**billig**	**billiger**	**am billigsten (billigst-)**	
sombre	**dunkel**	**dunkler**	**am dunkelsten (dunkelst-)**	supprimer le **-e** avant le **-l** dans le comparatif
élégant	**elegant**	**eleganter**	**am elegantesten (elegantest-)**	ajouter **-e** + **-st** pour le superlatif
en forme	**fit**	**fitter**	**am fittesten (fittest-)**	redoubler le **-t** ; ajouter **-e** + **-st** pour le superlatif
travailleur	**fleißig**	**fleißiger**	**am fleißigsten (fleißigst-)**	
flexible	**flexibel**	**flexibler**	**am flexibelsten (flexibelst-)**	supprimer le **-e** avant le **-l** dans le comparatif
aimable	**freundlich**	**freundlicher**	**am freundlichsten (freundlichst-)**	
laid	**hässlich**	**hässlicher**	**am hässlichsten (hässlichst-)**	
poli	**höflich**	**höflicher**	**am höflichsten (höflichst-)**	
joli	**hübsch**	**hübscher**	**am hübschesten (hübschest-)**	ajouter **-e** + **-st** pour le superlatif
intelligent	**intelligent**	**intelligenter**	**am intelligentesten (intellegentest-)**	ajouter **-e** + **-st** pour le superlatif
musical	**musikalisch**	**musikalischer**	**am musikalischsten (musikalischst-)**	
courageux	**mutig**	**mutiger**	**am mutigsten (mutigst-)**	
gentil, sympa	**nett**	**netter**	**am nettesten (nettest-)**	ajouter **-e** + **-st** pour le superlatif

Français	*Base*	*Comparatif de supériorité*	*Superlatif*	*Variations orthographiques*
net	**ordentlich**	**ordentlicher**	**am ordentlichsten (ordentlichst-)**	
chic	**schick**	**schicker**	**am schicksten (schickst-)**	
beau	**schön**	**schöner**	**am schönsten (schönst-)**	
sportif	**sportlich**	**sportlicher**	**am sportlichsten (sportlichst-)**	
cher	**teuer**	**teurer**	**am teuersten (teuerst-)**	supprimer le **-e** avant le **-r** dans le comparatif
raisonnable	**vernünftig**	**vernünftiger**	**am vernünftigsten (vernünftigst-)**	
spirituel	**witzig**	**witziger**	**am witzigsten (witzigst-)**	

Formes irrégulières du comparatif

L'allemand ne serait pas l'allemand s'il n'avait pas trois lettres qui font les intéressantes et prennent parfois un tréma (sans parler du **ess-tset,** la lettre ß). Lorsque vous formez le comparatif de supériorité ou le superlatif de certains adjectifs, n'oubliez pas d'ajouter le tréma là où il est nécessaire.

Comprendre les variations orthographiques

Les règles générales pour l'ajout du tréma dans les comparatifs de supériorité sont simples à mémoriser :

- De nombreux adjectifs et adverbes monosyllabiques comportant un **-a**, un **-o** ou un **-u** dans la forme de base prennent un tréma dans le comparatif de supériorité ou le superlatif : **alt → älter → ältest-** (*vieux/âgé → plus vieux/âgé → le plus vieux/âgé*).
- Certains mots monosyllabiques comportant un **-a**, un **-o** ou un **-u** dans leur forme de base ne prennent pas de tréma : **blond** (*blond[e]*), **bunt** (*bariolé*), **falsch** (*faux*), **froh** (*content*), **klar** (*clair*), **toll** (*super*), **wahr** (*vrai*) et **laut** (*bruyant*).

Les exemples suivants illustrent les variations orthographiques :

Herr Diefenbacher ist alt, aber Frau Kolbe ist noch älter. (*Monsieur Diefenbacher est âgé, mais Madame Kolbe est encore plus âgée.*) L'adjectif **alt** (forme de base) devient **älter** au comparatif de supériorité.

Die ärmsten Länder brauchen sehr viel Unterstützung. (*Les pays les plus pauvres ont besoin de beaucoup d'aide.*) L'adjectif **ärmsten** est un superlatif ; **die ärmsten Länder** est le sujet (nominatif) et c'est un pluriel. **Ärmsten** est placé avant le nom, et sa désinence doit donc indiquer l'accord avec **Länder.** Elle se forme de la façon suivante : **arm-** (forme de base) devient **ärm-** (ajout du tréma) + **-est** (désinence du superlatif) + **-en** (désinence du nominatif pluriel).

Réviser les comparatifs de supériorité et superlatifs irréguliers

Il existe des adjectifs et des adverbes irréguliers ; ils sont peu nombreux et d'un emploi très fréquent, comme en français. L'exemple classique est **gut → besser → am besten** qui se traduit en français par *bon → meilleur → le meilleur.*

Vous n'aurez aucun mal à les intégrer dans votre vocabulaire actif. Il vous suffira de mémoriser la liste fournie dans le tableau 5-5.

Tableau 5-5 : Les comparatifs de supériorité irréguliers

Équivalent français	*Forme de base*	*Comparatif de supériorité*	*Superlatif*
bientôt, plus tôt, le plus tôt	**bald**	**eher**	**am ehesten**
volontiers, mieux, le plus volontiers	**gern**	**lieber**	**am liebsten**
bon, meilleur, le meilleur	**gut**	**besser**	**am besten**
haut, plus haut, le plus haut	**hoch**	**höher**	**am höchsten**
proche, plus proche, le plus proche/ près, plus près, le plus près	**nah**	**näher**	**am nächsten**
beaucoup, plus, le plus	**viel**	**mehr**	**am meisten**

Comparatifs d'égalité et d'inégalité

Le tableau 5-6 présente la liste des expressions employées pour établir des comparaisons d'égalité et d'inégalité entre des choses, des personnes et des idées. Les exemples servent à montrer comment ces expressions s'intègrent dans les phrases.

Tableau 5-6 : Les comparatifs d'égalité/d'inégalité

Égalité/inégalité	*Équivalent français*	*Exemple*	*Équivalent français*
genauso... wie	*tout aussi... que...*	Mein Auto fährt **genauso** schnell **wie** sein Motorrad.	*Ma voiture roule tout aussi vite que sa moto.*
halb so... wie...	*deux fois moins... que...* (mot à mot, *à moitié aussi... que...*)	Das Ergebnis war nur **halb so** schlimm **wie** wir erwarteten.	*Le résultat était deux fois moins mauvais que ce que nous attendions.*
(nicht) so... wie...	*(pas) aussi... que...*	Ich bin (**nicht**) **so** stark **wie** ich dachte.	*Je (ne) suis (pas) aussi fort(e) que je le pensais.*
je + comparatif…, desto + comparatif…	*plus… plus…*	**Je mehr** Sie lesen, **desto besser** informiert werden Sie. (Remarque : l'ordre des mots est différent en français)	*Plus vous lisez, mieux vous serez informé.*

Débuter avec les prépositions

Une *préposition* est un petit mot qui décrit la relation entre un nom et un autre mot (ou plusieurs mots) d'une phrase. La section suivante vous explique le lien entre prépositions et cas et vous présente les prépositions mixtes et les combinaisons de prépositions.

Comprendre le rôle des cas avec les prépositions

Tout comme les autres mots de l'allemand (les noms, les adjectifs et les verbes), les prépositions doivent être comprises comme faisant partie d'un tout. Une humble préposition de deux lettres comme **in** (*à, dans, en*) a un pouvoir tel qu'elle peut obliger le reste du groupe prépositionnel (le nom et les autres mots qui suivent la préposition) à adopter des désinences. La préposition est invariable ; elle « donne des ordres » aux éléments qui la suivent, c'est-à-dire qu'elle les contraint à se mettre au cas qu'elle impose.

Les trois cas introduits par les prépositions sont l'accusatif, le datif ou le génitif. ***Remarque :*** Quelques prépositions sont des agents doubles : elles peuvent être suivies de l'accusatif ou du datif, en fonction du sens. Les exemples suivants illustrent les quatre groupes de prépositions. (Le chapitre 2 traite des notions de base des déclinaisons.)

- Préposition qui introduit l'accusatif, **durch : Mein Hund Bello läuft gern durch den Wald.** (*Mon chien Bello aime courir dans la forêt.*) La locution est **durch den Wald** (*dans la forêt*). **Der Wald** à l'accusatif donne **den Wald**.
- Préposition qui introduit le datif, **mit** : **Ich laufe gern mit ihm (Bello).** (*J'aime courir avec lui* [*Bello*].) La locution est **mit ihm** (*avec lui*). **Ihm** est la forme du datif du pronom personnel **er**.
- Préposition qui introduit le génitif, **während : Während des Winters bleiben Bello und ich oft zu Hause.** (*Pendant l'hiver, Bello et moi restons souvent à la maison.*) La locution est **während des Winters** (*pendant l'hiver*). À cause de la préposition **während** qui introduit le génitif, **der Winter** passe du nominatif au génitif, **des Winters**.
- Préposition **auf** qui se construit avec l'accusatif/le datif : **Meistens liege ich allein auf der Couch, aber manchmal springt Bello auf die Couch.** (*Généralement, je m'allonge seul sur le canapé mais parfois Bello saute sur le canapé.*) **Auf der Couch** (*sur le canapé*) est au datif ; **auf die Couch** (*sur le canapé*) est à l'accusatif.

N'OUBLIEZ PAS

Les prépositions mixtes fonctionnent de la manière suivante : quand la préposition est suivie de l'accusatif, elle indique généralement une idée de déplacement, alors que lorsqu'elle est suivie du datif, elle indique un emplacement.

Les prépositions qui sont suivies de l'accusatif

Les prépositions qui sont suivies de l'accusatif expriment le mouvement, l'opposition à quelque chose, et des actes d'exclusion ou de réception. Le petit groupe de prépositions qui se construisent avec l'accusatif comprend **bis, durch, für, gegen, ohne et um**. Ces six prépositions ne fonctionnent qu'avec l'accusatif. Reportez-vous au tableau 5-7 où vous trouverez la liste de ces prépositions, leur équivalent en français et une phrase d'exemple.

Tableau 5-7 : Les prépositions qui se construisent avec l'accusatif

Préposition	*Équivalent français*	Exemples	*Équivalent français*
bis	*jusqu'à*	**bis nächsten Sonntag**	*jusqu'à dimanche prochain*
durch	*par/à travers/dans*	**durch die Stadt**	*dans la ville*
		(jemanden) durch einen Freund kennenlernen	*rencontrer (quelqu'un) par l'intermédiaire d'un ami*
für	*pour*	**für Sie**	*pour vous*
		für meine Freunde	*pour mes amis*
gegen	*contre*	**gegen die Regeln**	*contre les règles*
		etwas gegen Kopfschmerzen nehmen	*prendre quelque chose contre le mal de tête*
ohne	*sans*	**ohne mich**	*sans moi*
		ohne Herrn Adler	*sans Monsieur Adler*
um	*pour, autour, à*	**um das Haus**	*autour de la maison*
		Ich bewerbe mich um die Stelle.	*Je me porte candidat(e) pour le travail.*

ASTUCE

Pour former des phrases avec des prépositions qui régissent l'accusatif, commencez par la préposition et ajoutez les informations qu'elle introduit, le nom et tous les déterminants qui l'accompagnent. Le cas échéant, modifiez la désinence des articles, pronoms, adjectifs et noms qui suivent la préposition régissant l'accusatif. Les éléments qui doivent être modifiés sont énumérés ci-dessous.

- Certains articles définis doivent être modifiés. Le changement est facile parce qu'il se limite à **der** à **den**. **Die** (féminin et pluriel) et **das** ne changent pas. (Reportez-vous au chapitre 2 pour trouver des informations sur les articles définis.)
- Les prépositions qui introduisent l'accusatif se contractent parfois avec l'article qui les suit : **durch** + **das** = **durchs** ; **für** + **das** = **fürs** ; **um** + **das** = **ums**. À l'oral, ces contractions sont très courantes.
- La plupart des pronoms subissent des modifications. Les pronoms personnels à l'accusatif (objet direct) sont **mich** (*me*), **dich** (*te*), **ihn/sie/es** (*le/la*), **uns** (*nous*), **euch** (*vous*), **sie** (*les*) et **Sie** (*vous*).
- Les adjectifs subissent généralement des modifications de désinence.
- Certains noms subissent des changements de désinence. (Reportez-vous au chapitre 1 pour plus d'informations sur les noms.)

Les phrases suivantes montrent le rôle des cas et certains changements de désinence qui ont lieu lorsqu'on utilise les prépositions en allemand.

Sammy sitzt ganz allein, ohne seine Freunde. (*Sammy est tout seul, sans ses amis.*) La préposition **ohne** est suivie de **seine Freunde** ; les deux mots portent la désinence de l'accusatif au pluriel.

Dann läuft er durch den Garten der Familie Finkenhuber. (*Ensuite il traverse en courant le jardin de la famille Finkenhuber.* Mot à mot, *il court à travers le jardin de la famille Finkenhuber.*) La préposition **durch** (qui signifie à travers dans ce contexte) indique qu'il y a mouvement. **Den Garten** est la forme du masculin singulier de **der Garten** à l'accusatif.

Sammy läuft um den Hund Bello. (*Sammy court autour du chien Bello.*) La préposition **um** (*autour*) indique le mouvement. **Den Hund** est la forme du masculin singulier de **der Hund** à l'accusatif.

Les prépositions qui se construisent avec le datif

Parmi les prépositions qui se construisent avec le datif se trouvent quelques gros bonnets. La plupart de ces prépositions expriment des relations de temps (quand), de mouvement (où, vers où ? [direction]) et de lieu (où, à quel endroit ? [position]). Certaines ont des variations de sens étonnantes. Il y en a huit : **aus, außer, bei, mit, nach, seit, von** et **zu**. Ces prépositions spéciales ont une clause d'exclusivité avec le datif. Le tableau 5-8 répertorie les huit prépositions qui se construisent avec le datif, leur équivalent en français et une phrase d'exemple pour chacune d'entre elles.

Tableau 5-8 : Les prépositions qui se construisent avec le datif

Préposition	*Équivalent français*	*Exemples*	*Équivalent français*
aus	*de, hors de, en provenance de*	**aus den Schweiz** **aus der Arbeit**	*de la Suisse* *du travail*
außer	*sauf, à part*	**außer uns** **außer den Kindern**	*à part nous* *à part les enfants*
bei	*à, chez* (lieu où l'on est) ; *près de*	**bei Katharina** **bei der Straße** **Es ist anders bei mir.**	*chez Katharina* *près de la rue* *C'est différent dans mon cas.*
mit	*avec, par* *en* (moyen de transport)	**mit dem Hund** **mit dem Zug**	*avec le chien* *en train*
nach	*à* (direction, lieu où l'on va) *après*	**nach Moskau** (pas d'article pour les villes et les pays en allemand) **nach einer Stunde**	*à Moscou* *une heure après*
seit	*depuis*	**seit zwanzig Jahren** **seit dem Krieg**	*depuis 20 ans* *depuis la guerre*
von	*de, par*	**von einem deutschen Maler** **ein Geschenk von dir** **am Ende vom Film**	*par un artiste allemand* *un cadeau de ta part* *à la fin du film*
zu	*à, chez* (en parlant de personnes et de certains lieux)	**zur Universität/zum Strand** **zu dir** **Was gibt's zum Abendessen?**	*à l'université/à la plage* *chez toi* *Qu'est-ce qu'il y a pour le dîner ?*

ASTUCE

Pour former des phrases avec des prépositions au datif, commencez par la préposition et ajoutez ensuite les différentes informations. Le cas échéant, modifiez la désinence des articles, pronoms, adjectifs et noms qui suivent la préposition régissant le datif. Les éléments qui doivent être modifiés sont énumérés ci-dessous.

- Les articles définis se modifient comme suit (Reportez-vous au chapitre 2 pour obtenir des informations sur les articles définis) : **der → dem** (masculin) ; **die → der** (féminin) ; **das → dem ; die → den** (pluriel).

  Remarque : dans certaines locutions, le groupe prépositionnel n'exige pas d'article (**dem, einen,** etc.) avec le nom : généralement, il s'agit de formules figées, comme l'expression de l'heure (**es ist Viertel nach acht** [*il est huit heures et quart*]) ou d'autres comme **zu Hause** (*à la maison*).

- Les contractions avec les prépositions qui régissent le datif sont : **bei** + **dem** = **beim ; von** + **dem** = **vom ; zu** + **dem** = **zum ; zu** + **der** = **zur.** À l'oral, ces contractions sont très courantes.

- Tous les pronoms se déclinent. Les pronoms personnels au datif sont **mir** (*me/à moi*), **dir** (*te/à toi*), **ihm/ihr/ihm** (*lui/à lui/à elle*), **uns** (*nous/à nous*), **euch** (*vous/à vous*), **ihnen** (*leur/à eux/à elles*) et **Ihnen** (*vous/à vous*). (Reportez-vous au chapitre 2 pour obtenir des informations sur les pronoms.)

- Les adjectifs subissent généralement des modifications de désinence.

- Certains noms subissent des changements de désinence. (Reportez-vous au chapitre 2 pour plus d'informations sur les noms.)

La conversation suivante montre comment quatre propositions introduisant le datif, **bei, zu, seit** et **mit**, fonctionnent dans les phrases :

> **Essen wir heute Abend bei dir?** (*On dîne chez toi ce soir ?*) **Bei** est un véritable caméléon en ce qui concerne les variations de sens. Ici, prenez **bei**, ajoutez le pronom datif **dir**, et le tour est joué : **bei dir** (*chez toi*).
>
> **Nein, ich möchte lieber zum Restaurant um die Ecke gehen.** (*Non, j'aimerais mieux aller au restaurant du coin.*) La contraction de **zu** + **dem** est **zum.**

Luigis? Es ist seit einem Monat geschlossen. (*Chez Luigi ? C'est fermé depuis un mois.*)

Wichtig ist nur, ich esse mit dir. (*Ce qui compte, c'est qu'on mange ensemble.* Mot à mot, *que je mange avec toi.*)

Les prépositions qui se construisent avec le génitif

Les prépositions qui se construisent avec le génitif décrivent la durée, les raisons de quelque chose ou l'opposition à quelque chose. Le tableau 5-9 présente les six prépositions les plus courantes de cette catégorie. La plupart de ces prépositions ont toujours le même sens. Elles ne varient pas en fonction du contexte ou du verbe employé.

Remarque : à l'oral en particulier, mais aussi à l'écrit, il est courant d'utiliser en allemand les pronoms personnels au datif avec des prépositions qui demandent le génitif (**anstatt/statt, trotz, wegen** et **während**) : par exemple, **wegen mir** (*à cause de moi*) ou **statt dir** (*à ta place*).

Ceci est particulièrement vrai pour **Bayern, Osterreich und die Schweiz** (*la Bavière, l'Autriche et la Suisse*). **Während** est construit parfois avec le datif dans la langue familière mais moins souvent que les trois autres.

Tableau 5-9 : Les prépositions qui se construisent avec le génitif

Préposition	*Équivalent français*	*Exemples*	*Équivalent français*
(an)statt (aucune différence entre anstatt et statt)	*au lieu de*	**(an)statt meines Autos**	*au lieu de ma voiture*
außerhalb	*à l'extérieur de*	**außerhalb des Hauses**	*à l'extérieur de la maison*
innerhalb	*dans, à l'intérieur de*	**innerhalb der Firma**	*dans l'entreprise*
trotz	*malgré*	**trotz des Wetters** **trotz des Lärms**	*malgré le temps* *malgré le bruit*
während	*pendant*	**während des Tages**	*pendant le jour*
wegen	*à cause de*	**wegen der Kosten**	*en raison des coûts*

ASTUCE

Pour construire des phrases avec les prépositions qui sont suivies du génitif, commencez par la préposition et ajoutez les informations en rapport avec le reste de la phrase. Le cas échéant, modifiez la désinence des articles, pronoms, adjectifs et noms qui suivent la préposition régissant le génitif pour que ces éléments soient aussi au génitif.

> **Wegen der Hitze gehen wir nicht spazieren.** (*Nous n'irons pas nous promener à cause de la chaleur.*) **Die Hitze** au nominatif devient **der Hitze** au génitif.
>
> **Während des Winters bleiben wir meistens zu Hause.** (*Le plus souvent, nous restons à la maison pendant l'hiver.*) **Der Winter** au nominatif devient **des Winters** au génitif.

Les prépositions mixtes, suivies de l'accusatif ou du datif

Les neuf prépositions de cette section peuvent se construire avec l'accusatif ou le datif, en fonction de leur sens. La préposition se construit avec l'accusatif quand il y a mouvement, et avec le datif quand elle décrit la position.

ASTUCE

Pour décider du cas à utiliser avec la préposition, essayez de visualiser ce que vous voulez dire. Ces prépositions indiquent des relations spatiales concrètes, pas des concepts abstraits, ce qui rend facile de se représenter la différence entre *un chat couché sous la table* – **eine Katze liegt auf dem Tisch** (emplacement = datif) et *un chat qui saute sur la table* – **eine Katze springt auf den Tisch** (déplacement = accusatif).

Le tableau 5-10 récapitule les prépositions mixtes, suivies de l'accusatif ou du datif, leur équivalent en français et des exemples avec leur traduction.

Tableau 5-10 : Les prépositions mixtes

Préposition	*Français*	*Exemple avec l'accusatif*	*Exemple avec le datif*
an	*à, sur*	**Die Katze geht ans (an + das) Fenster.** (*Le chat se dirige vers la fenêtre.*)	**Die Katze sitzt am Fenster.** (*Le chat est assis sur la fenêtre.*)
auf	*sur*	**Die Katze springt auf den Tisch.** (*Le chat saute sur la table.*)	**Die Katze steht auf dem Tisch.** (*Le chat est sur la table.*)
hinter	*derrière*	**Die Katze geht hinter die Couch.** (*Le chat va derrière le canapé.*)	**Die Katze sitzt hinter der Couch.** (*Le chat est derrière le canapé.*)
in	*dans, à*	**Die Katze läuft in die Küche.** (*Le chat file dans la cuisine.*)	**Die Katze ist in der Küche.** (*Le chat est dans la cuisine.*)

Préposition	*Français*	*Exemple avec l'accusatif*	*Exemple avec le datif*
neben	*à côté de*	**Der Hund legt sich neben die Katze hin.** (*Le chien se couche à côté du chat.*)	**Die Katze liegt neben dem Hund.** (*Le chat est couché à côté du chien.*)
über	*sur, au-dessus de*	**Eine Maus läuft über den Teppich.** (*Une souris trotte sur le tapis.*)	**Eine Lampe hängt über dem Tisch.** (*Une lampe est suspendue au-dessus de la table.*)
unter	*sous*	**Die Maus läuft unter den Teppich.** (*La souris trotte sous le tapis.*)	**Der Teppich liegt unter dem Tisch.** (*Le tapis est sous la table.*)
vor	*devant*	**Die Maus läuft vor die Katze.** (*La souris court devant le chat.*)	**Der Hund sitzt vor dem Fernseher.** (*Le chien est assis devant la télé.*)
zwischen	*entre*	**Die Katze legt sich zwischen die Pfoten des Hundes.** (*Le chat se couche entre les pattes du chien.*)	**Der Hund steht zwischen der Maus und der Katze.** (*Le chien est entre la souris et le chat.*)

Pour former des phrases avec ces prépositions, reportez-vous aux conseils que j'ai donnés dans les deux sections précédentes à propos des prépositions qui se construisent avec l'accusatif ou le datif.

N'OUBLIEZ PAS

Certaines de ces prépositions se combinent avec des articles pour produire une forme contractée, employée surtout à l'oral : **an** + **das** = **ans** ; **an** + **dem** = **am** ; **auf** + **das** = **aufs** ; **in** + **das** = **ins** ; **in** + **dem** = **im.** Il existe d'autres formes contractées, moins fréquentes que celles avec **das** et **dem** ; il s'agit de **hinters, hinterm, übers, überm, unters, unterm, vors** et **vorm.**

Les exemples suivants précisent comment utiliser correctement ces prépositions.

Die Kinder sind im Bett. (*Les enfants sont au lit.*) La préposition **in** se construit avec le datif pour exprimer un emplacement.

Die Kinder gehen ins Bett. (*Les enfants vont au lit.*) La préposition **in** est suivie de l'accusatif pour exprimer le mouvement.

Ich wohne über einer Buchhandlung. (*J'habite au-dessus d'une librairie.*) La préposition **über** (*au-dessus de*) décrit un emplacement ; elle est suivie du datif.

Der Zeppelin fliegt über die Stadt. (*Le zeppelin passe au-dessus de la ville.*) La préposition **über** (*au-dessus*) indique le déplacement ; elle est suivie de l'accusatif.

Maîtriser les combinaisons de prépositions

En allemand, on rencontre régulièrement des locutions avec prépositions étonnantes. Essayez de les mémoriser dans des phrases complètes, comme des modèles que vous pourrez réemployer plus tard. Pour comprendre ce qui différencie ces locutions prépositionnelles de celles déjà présentées dans ce chapitre, examinez les exemples suivants.

- On confond souvent les deux expressions **zu Hause** et **nach Hause,** qui signifient toutes les deux à la maison en français. **Zu Hause** indique le lieu où l'on se trouve, **nach Hause** le lieu où l'on va. L'expression **nach Hause** indique qu'il y a mouvement, déplacement en direction de la maison.

  Wo ist Birgit? Sie ist zu Hause. (*Où est Birgit ? Elle est à la maison.*)

  Wohin geht Lars? Er geht nach Hause. (*Où va Lars ? Il rentre à la maison.*)

- **Bis** (*jusqu'*à) est une préposition qui est suivie de l'accusatif. La différence tient au fait que, le plus souvent, elle est utilisée avec d'autres prépositions, et pas isolément. Considérez les exemples suivants :

  von 8.30 Uhr bis 19.00 Uhr (*de 8:30 à 19:00 heures*)

  bis zum bitteren Ende (*jusqu'à la lie*). **Zu** se construit avec le datif : **zu + dem = zum.**

  bis ins kleinste Detail (*jusque dans les plus petits détails*) : **Ins = in + das,** avec l'accusatif.

  bis in den Abend hinein (*jusqu'au soir*) : la préposition se construit avec un accusatif.

- **Entlang** (*le long de*) est une préposition étonnante elle aussi. Trois constructions sont possibles : avec l'accusatif, le datif ou le génitif. De plus, **entlang** suit souvent l'information qu'il introduit. (Et le mot fonctionne aussi comme adverbe !) Retenez les exemples d'**entlang** aux trois cas :

  Gehen Sie den Weg entlang. (*Marchez le long du chemin.*) **Den Weg** est à l'accusatif.

  Die Grenze verläuft entlang dem Fluß. (*La frontière longe la rivière.*) **Dem Fluß** est au datif.

  Entlang des Ufers gibt es viele Schwäne. (*Il y a beaucoup de cygnes le long de cette côte.*) **Des Ufers** est au génitif. C'est un usage typique dans le sud de l'Allemagne et en Autriche.

- **Gegenüber** (*en face*) est une autre bizarrerie parmi les prépositions. Véritable mot-orchestre, **gegenüber** n'est pas seulement une préposition qui se construit avec le datif, c'est aussi un adjectif, un adverbe et même un nom. Comme préposition, il peut se placer avant ou après le mot qu'il accompagne ; son sens n'en est pas modifié.

  Wir wohnen gegenüber dem Park. (*Nous habitons en face du parc.*) Le mot introduit par la préposition, **dem Park**, suit **gegenüber**.

  Der Präsident stand mir gegenüber. (*Le président était devant moi.*) Le mot **mir** introduit par la préposition **gegenüber** la précède. Techniquement, les prépositions qui se combinent avec des verbes sont rattachées au groupe des *verbes à préfixe*. (Reportez-vous au chapitre 3 pour plus d'informations sur les verbes à préfixe, séparable ou non séparable.)

Chapitre 6

Poser des questions et donner des réponses

Dans ce chapitre :

- Poser des questions fermées ou y répondre (oui/non)
- Obtenir des informations et les partager

Poser des questions vous met sur le siège du conducteur de la conversation. Vous utilisez des questions pour initier un dialogue, pour obtenir les informations dont vous avez besoin, pour clarifier des éléments dont vous n'êtes pas sûr. Ce chapitre vous rend opérationnel pour formuler différents types de questions (et y répondre).

Formuler des questions fermées (oui/non)

L'ordre des mots en allemand est facile quand on veut poser une question fermée. Il suffit d'inverser le sujet et le verbe principal conjugué. Mettez le verbe à la première place et le sujet en seconde position (là où se trouve d'habitude le verbe dans les phrases affirmatives). C'est la même chose qu'en français. Observez les exemples suivants :

Leben Sie in einer Großstadt? (*Vivez-vous dans une grande ville ?*)

Bleibt sie hier? (*Reste-t-elle ici ?*)

Ist es kalt bei Ihnen im Winter? (*Fait-il froid chez vous en hiver ?*)

Remarquez que les trois phrases ci-dessus auraient pu être traduites en français à l'aide de l'expression « est-ce que », en particulier à l'oral : *Est-ce que vous vivez dans une grande ville ? Est-ce qu'elle reste ici ? Est-ce qu'il fait froid chez vous en hiver ?* « Est-ce que » est une formule typiquement française, qui ne se traduit pas en allemand. Lorsqu'en français, on utilise « est-ce que » pour poser une question, comme dans les exemples cités, il suffit d'inverser le sujet et le verbe en allemand.

Vérifier une information : n'est-ce pas ?

Quand vous parlez à quelqu'un et que vous voulez vérifier une information, vous pouvez ajouter *n'est-ce pas* à la fin de la phrase pour que votre interlocuteur confirme ce que vous venez de dire, comme dans l'exemple suivant : *Le centre commercial ouvre à 10 heures, n'est-ce pas ?*

ASTUCE

Pour demander à votre interlocuteur sa confirmation ou son approbation, ajoutez simplement **nicht?** (littéralement : *pas* ?) ou **nicht wahr?** (littéralement : *pas vrai ?*) à la fin de la phrase.

Sie fahren morgen nach Düsseldorf, nicht wahr? (*Vous allez à Düsseldorf demain, n'est-ce pas ?*)

Der Film war nicht besonders gut, nicht? (*Le film n'était pas particulièrement bon, n'est-ce pas ?*)

Répondre par oui ou par non

Généralement dire « oui » ou « non » en allemand est très facile : il suffit de répondre **ja** ou **nein**. Mais parfois vous devez répondre de façon plus nuancée, que ce soit positivement ou négativement. Les sections suivantes vous présentent tout ce que vous devez savoir pour dire « oui » ou « non » dans toutes les situations.

Affirmation

Quand vous voulez montrer à quelqu'un que vous comprenez, que vous êtes attentif, etc., vous utilisez **ja** (*oui*) et sa famille élargie : **Ja, das ist richtig** (*Oui, c'est vrai*). Dans d'autres cas, tout ce que vous avez besoin de faire est d'ajouter **ja** à ce que vous voulez dire. Utilisez **ja** de la même manière que vous utilisez *oui* en français : pour répondre affirmativement à une question ou pour dire que vous êtes d'accord avec quelque chose. **Ja** peut s'employer seul, ou se mettre au début d'une phrase affirmative, comme en français.

Quand vous en aurez assez de dire **ja** tout le temps, essayez quelques variations qui ont la même signification avec une tonalité légèrement différente. Le tableau 6-1 contient neuf alternatives à ce bon vieux **ja**. Les phrases d'exemples mettent ces substituts usuels en contexte et les explications françaises décrivent les implications qui se cachent derrière ces expressions.

Tableau 6-1 : Les alternatives à ja

Équivalent de ja	*Explication*	*Phrase d'exemple*	*Traduction*
genau	*exactement/tout à fait/ c'est ça* – la traduction française a l'air un peu pompeuse, mais ce n'est pas le cas en allemand	**Genau, mein Familienname ist Schranner.**	*Tout à fait, mon nom de famille est Schranner.*
gewiss	*bien sûr/certainement* – un peu formel en allemand	**Gewiss. Sie werden um 7.00 Uhr geweckt.**	*Bien sûr. On vous réveillera à 7 heures.*
ja, ja	*oui, oui* – peut exprimer le scepticisme ou l'enthousiasme	**Ja, ja, das weiß ich schon.**	*Oui, oui, je le sais déjà.*
jawohl	*oui, bien sûr/exactement* – un peu formel en allemand	**Jawohl, meine Frau kommt aus Bern.**	*Exactement, ma femme vient de Berne.*
klar	*bien sûr/évidemment* (Littéralement : *clair* ou *clairement*) – un peu familier	**Klar kann ich segeln.**	*Bien sûr que je sais faire de la voile.*

Équivalent de ja	*Explication*	*Phrase d'exemple*	*Traduction*
natürlich	*naturellement/ évidemment* – neutre, ni formel, ni familier	**Natürlich helfen wir Ihnen.**	*Évidemment, nous allons vous aider.*
richtig	*juste/exact* – neutre, ni formel ni familier	**Richtig. Er mietet ein Auto.**	*Exact. Il loue une voiture.*
selbstverständlich	*évidemment/bien entendu* – bon choix pour les affaires, les situations formelles	**Selbstverständlich lade ich Sie zum Mittagessen ein.**	*Bien entendu, je vous invite à déjeuner.*
sicher	*certainement, bien sûr, sûrement*	**Sicher mache ich das Licht aus.**	*Bien sûr, j'éteindrai la lumière.*

Dans les exemples, lorsque l'alternative de **ja** est suivie d'une virgule ou d'un point, la phrase qui suit retrouve l'ordre normal des mots en allemand : le sujet est suivi du verbe. (Dans les exemples du tableau, le point et la virgule sont interchangeables.) Lorsque l'alternative de **ja** joue le rôle de premier élément de la phrase (et n'est pas suivie d'une virgule ou d'un point), le verbe est en deuxième position.

Quand vous voulez ajouter plus d'emphase pour montrer que vous comprenez *vraiment* ou que vous êtes *vraiment* d'accord avec quelqu'un, vous pouvez ajouter **ja** ou **aber** (*mais*) aux expressions du tableau 6-1.

Ja, klar! (*Oui, bien sûr !*)

Aber natürlich! (*Mais, évidemment !*)

Aber selbstverständlich! (*Mais bien entendu !*)

Ja, sicher! (*Oui, bien sûr !*)

Les exemples précédents placent les mots affirmatifs en début de phrase. Cependant, si vous voulez exprimer la compréhension ou l'accord avec un énoncé, vous pouvez construire des phrases qui utilisent ces mots dans des locutions plus ou moins figées, comme **genau richtig** ou **es ist (mir) klar**. De plus, **genau, gewiss, klar, natürlich, richtig, selbstverständlich** et **sicher** peuvent fonctionner comme des adjectifs ou, dans certains cas, comme des adverbes, et ils ont le même sens. (Reportez-vous au chapitre 5 pour plus d'informations sur les adjectifs.)

Das wird selbstverständlich gemacht. (*Ce sera fait, bien entendu.*)

Es ist mir klar, daß ich abnehmen soll. (*Je suis consciente qu'il faut que je maigrisse.* Littéralement : *C'est clair pour moi que je dois maigrir.*)

Die Straßen waren gewiss sehr gefährlich nach dem Sturm. (*Les rues étaient sûrement très dangereuses après la tempête.*)

Sie haben es genau richtig geraten. (*Exact, vous avez parfaitement deviné.*)

Négation

Dire non en allemand est simple et facile : **nein**. En revanche, lorsque vous voulez nier une action, un objet ou une personne, vous avez deux moyens d'exprimer *pas* (ou *pas de*) : **kein** et **nicht**. Les utiliser à bon escient est facile lorsqu'on sait ce qu'ils nient dans la phrase. L'ordre des mots de ces négations est important à connaître, de même que les terminaisons qu'il faut ajouter à **kein** (**nicht** ne change jamais).

Les sections suivantes vous expliquent quand et comment utiliser **nicht** et **kein**. Elles vous apprennent à dire « non » en restant poli (un **nein** sec pourrait sembler discourtois).

Négation avec kein

Utiliser **kein** est presque aussi facile que d'utiliser **nicht** (cf. la section suivante). **Kein** (*pas, pas de, pas des, aucun, aucune*) fonctionne comme un adjectif. Il décrit des noms en exprimant la négation, comme dans **kein Polizist** (*pas de policier/aucun policier*), **keine Jeans** (*pas de jeans/aucun jeans*), **kein Brot** (*pas de pain/aucun pain*).

Cependant, avant de vous élancer et de commencer à ajouter **kein** dans vos phrases, il vous faut connaître le genre et le cas du nom que vous niez. Observez la phrase suivante : **Kein Polizist hat einen leichten Job** (*Aucun policier n'a un travail facile* [littéralement : *Pas de policer a un travail facile*]). **Kein Polizist** est le sujet de la phrase, donc au nominatif. **Polizist** est masculin (**der**). **Kein** est la forme masculin singulier de **kein** au nominatif.

Le tableau 6-2 récapitule la déclinaison de **kein** ; les désinences et le genre sont en gras. Le masculin et le neutre sont regroupés, de même que le féminin et le pluriel. (***Remarque :*** ce tableau convient aussi pour les mots en **-ein**, à l'exception de **ein** qui bien sûr n'a pas de pluriel.)

Tableau 6-2 : La déclinaison de kein

Cas	*Masculin/Neutre*	*Féminin/Pluriel*
Nominatif	kein	kein**e**
Accusatif	kein**en** (masc.), kein (n.)	kein**e**
Datif	kein**em**	kein**er** (fém.), kein**en** (pl.)
Génitif	kein**es**	kein**er**

ASTUCE

Notez que les terminaisons pour le masculin et le neutre sont presque toutes les mêmes pour **kein** et les mots en **-ein** : l'accusatif est le seul cas qui change. Vous pouvez également retenir le féminin et le pluriel ensemble, en gardant à l'esprit que le datif est le seul cas où la forme n'est pas la même pour le féminin et pour le pluriel. **Keiner** est la forme du datif féminin et **keinen** celle du datif pluriel.

Regardez les phrases d'exemples avec **kein** aux quatre cas, suivies par la traduction française et les notes de grammaire expliquant le genre :

- Nominatif : **Keine Menschen leben auf der Insel.** (*Aucun homme ne vit sur l'île.*) Littéralement, **keine Menschen leben auf der Insel** signifie *pas d'hommes vivent sur l'île.* **Menschen** (pluriel) est le sujet de cette phrase, **keine Menschen** est au nominatif pluriel.

- Accusatif : **Nach dem grossen Abendessen hatte ich keinen Hunger.** (*Je n'avais pas faim après le grand dîner.*) Littéralement, **ich hatte keinen Hunger** signifie *Je n'avais pas de faim.* **Der Hunger** (masculin) devient **keinen Hunger** à l'accusatif singulier parce que c'est l'objet de la phrase.

- Datif : **In keinem alten Auto gibt es GPS.** (*Il n'y a de GPS dans aucune vieille voiture.*) Littéralement, **in keinem alten Auto gibt es GPS** signifie *Dans pas de vieille voiture il y a le GPS.* La locution prépositionnelle **in keinem alten Auto** est au datif ; par conséquent, **das Auto** devient **keinem (alten) Auto.**

- Génitif : **Während keiner Nacht in der letzten Woche habe ich gut geschlafen.** (*Je n'ai bien dormi aucune nuit de la semaine dernière.*) Littéralement, **während keiner Nacht in der letzten Woche habe ich gut geschlafen** signifie *Pendant* *pas de nuit de la semaine dernière j'ai bien dormi.* **Während** (*pendant*) est une préposition suivie du génitif et **die Nacht** est féminin singulier. On ajoute donc **-er**, la terminaison féminin singulier au génitif : **keiner.**

Nier avec nicht

Formellement, nier avec **nicht** est simple. **Nicht** est tout ce que vous avez besoin de retenir (contrairement à **kein** qui prend des terminaisons différentes en fonction du genre et du cas, comme vous l'avez vu dans la section précédente). Attention à ne pas confondre **nicht** avec **nichts**, qui signifie *rien*. **Nicht** nie généralement un verbe : **nicht einladen** (*ne pas inviter*), **nicht fahren** (*ne pas rouler, ne pas conduire*), **nicht feiern** (*ne pas fêter*). Il peut aussi nier un adjectif, comme dans **nicht interessant** (*pas intéressant*), ou un adverbe, comme dans **nicht vorsichtig** (*pas prudemment*).

Ce qu'il faut que vous sachiez, c'est où positionner **nicht** dans la phrase. Comme **nicht** est un adverbe, il nie l'action du verbe ou il modifie un adjectif ou un adverbe et il se place généralement à côté de ces types de mots. Par exemple :

> **Sie fliegen nicht nach London.** (*Ils ne prennent pas l'avion pour Londres.*) **Nicht** suit immédiatement le verbe dans cette phrase, niant l'idée qu'ils prennent l'avion.
>
> **Martin spricht nicht gut Deutsch.** (*Martin ne parle pas bien allemand.*) Dans cette phrase, **nicht** vous indique que les capacités de Martin pour parler allemand ne sont pas bonnes, donc **nicht** suit immédiatement le verbe.
>
> **Gestern kamen wir nicht pünktlich zum Termin.** (*Hier, nous ne sommes pas arrivés à l'heure au rendez-vous.*) **Nicht** est lié à l'adverbe **pünktlich** (*ponctuellement, à l'heure*) et on le place devant **pünktlich.**
>
> **Das Buch ist nicht interessant.** (*Le livre n'est pas intéressant.*) La négation relie le verbe **ist** (*est*) et l'adjectif **interessant** (*intéressant*) ; **nicht** modifie **interessant,** c'est pourquoi on le place avant cet adjectif.

La position est la partie la plus complexe de **nicht**, mais la plupart du temps, même si vous n'observez pas parfaitement l'ordre des mots réglementaire en allemand, on vous comprendra quand même, que ce soit à l'oral ou à l'écrit.

Tableau 6-3 : Indications sur la position de nicht

Position de nicht	*Phrase d'exemple*	*Traduction*
Nicht suit		
un verbe conjugué	Maria fährt **nicht** nach Kiel.	*Maria ne va pas à Kiel.*
un verbe conjugué et précède la préposition d'un verbe à préposition séparable	Felix und Gretl sehen **nicht** fern. (**Fernsehen** est un verbe à préposition séparable.)	*Felix et Gretl ne regardent pas la télé.*
la plupart des adverbes de temps	Ich war gestern **nicht** zu Hause. (**Gestern** est l'adverbe de temps.)	*Je n'étais pas à la maison hier.*
Nicht se met à la fin		
des questions fermées de type oui/non	Essen Sie den Apfel **nicht** ?	*Vous ne mangez pas la pomme ?*
des phrases ou des questions avec un objet direct	Ich kenne diesen Mann **nicht**. (**Diesen Mann** est l'objet direct.)	*Je ne connais pas cet homme.*
Nicht précède		
la plupart des adjectifs	Das Hotel ist **nicht** gemütlich. (**Gemütlich** est l'adjectif.)	*L'hôtel n'est pas confortable.*
la plupart des adverbes, sauf ceux de temps	Ihr lauft **nicht** schnell. (**Schnell** est l'adverbe.)	*Vous ne courez pas vite.*
les infinitifs reliés à un verbe	Ich gehe **nicht** einkaufen. (**Einkaufen** est l'infinitif relié au verbe gehen.)	*Je ne vais pas faire les courses.*
la plupart des compléments prépositionnels	Dieser Käse kommt **nicht** aus Frankreich. (**Aus Frankreich** est le complément prépositionnel.)	*Ce fromage ne vient pas de France.*
la combinaison d'éléments dans une phrase (habituellement)	Matthias geht **nicht** sehr oft in die Bibliothek. (Les deux éléments ici sont **sehr oft** et **in die Bibliothek**.)	*Matthias ne va pas souvent à la bibliothèque.*

Éviter les réponses négatives trop directes

Lorsqu'on répond à des questions fermées du type *oui/non*, on ne veut pas paraître trop négatif en assénant un simple **nein** ! Il est possible de répondre poliment à des questions négatives en ajoutant quelques mots pour amortir l'impact.

N'OUBLIEZ PAS

Comment éviter d'être trop direct dans une conversation polie ? Vous pouvez faire une bonne impression auprès des germanophones lorsque vous donnez des réponses négatives en utilisant des expressions idiomatiques – des expressions figées – qui vous permettent de ne pas paraître trop négatif. Observez cet échange :

Haben Sie Kleingeld für 10€? (*Avez-vous de la monnaie sur 10 € ?*)

– Nein, es tut mir leid. (*Non, je suis désolé[e].*) Ajouter **es tut mir leid** atténue la réponse négative.

Le tableau 6-4 vous fournit des expressions qui vous aideront à ne pas paraître trop négatif.

Tableau 6-4 : Éviter d'être trop direct dans les réponses négatives

Expression	*Équivalent français*	*Commentaires*
Es tut mir leid,	*Je suis désolé[e],*	L'excuse **Es tut mir leid** introduit le reste de l'information.
fast keine (Zeit)	*presque pas (de temps)*	**Fast keine Zeit** (*presque pas de temps*) est la même chose que **kaum Zeit** (*à peine le temps, guère le temps*).
praktisch kein	*presque pas, guère*	Vous pouvez aussi utiliser **praktisch** dans un sens positif : Sie ist **praktisch** fertig (*Elle est pratiquement prête*).
Im Grunde genommen	*en fait/au fond*	Le signal du refus – **Im Grunde genommen** – vient au début de la phrase, pour atténuer le côté négatif.
nicht hundertprozentig/ nicht ganz	*pas à 100 %/ pas complètement*	Vous n'avez pas besoin d'admettre que vous comprenez seulement à 70 %. Il y a des chances pour que le locuteur répète de lui-même. Affirmer **nein** catégoriquement ne vous amènera sans doute nulle part.
nicht nur (... sondern auch)	*non seulement (... mais aussi)*	**nicht nur** (*non seulement*) peut être relié ainsi : **Nicht nur** mein Vater, **sondern auch** mein Großvater kam aus Belgium. (*Non seulement mon père, mais aussi mon grand-père, venaient de Belgique.*)
Ich habe nicht die leiseste Ahnung	*Je n'en ai pas la moindre idée.*	C'est une expression figée qui peut aussi être formulée ainsi : Ich habe **keine Ahnung** (*Je n'en ai aucune idée*).

Poser des questions ouvertes

Parfois un simple « oui » ou « non » ne suffit pas et vous voulez plus d'informations dans votre réponse. Les sections suivantes vous montrent ce que vous devez dire pour obtenir des réponses plus détaillées.

Obtenir des informations avec des mots interrogatifs : qui, que, pourquoi, etc.

Vous avez besoin de mots pour poser des questions comme *qui, quoi, où* et *quand*, afin d'obtenir des informations spécifiques, mais vous pouvez également utiliser la tactique des enfants qui consiste à demander **wer** (*qui*), **was** (*quoi*), **warum** (*pourquoi*)… et vous en servir comme d'un outil pour engager la conversation. C'est une tactique utile, parce que cela vous donne plus de contrôle sur la direction que prend la conversation.

Comme pour les questions fermées (cf. section précédente « Formuler des questions fermées (oui/non) »), l'ordre des mots standard (sujet-verbe) est inversé pour les questions qui utilisent des mots interrogatifs. En première position, on met le mot interrogatif, en deuxième position le verbe et en troisième position le sujet. Par conséquent, l'ordre des mots pour ces questions est : mot interrogatif + verbe + sujet. Par exemple, **Warum ist der Himmel blau?** (*Pourquoi le ciel est-il bleu ?*) ou **Wann fahren wir nach Hause?** (*Quand rentrons-nous à la maison ?*).

Le tableau 6-5 liste 12 mots interrogatifs allemands, classés par ordre alphabétique. Ils sont illustrés par un exemple en allemand et sa traduction française.

Tableau 6-5 : Les mots interrogatifs allemands

Mot interrogatif	*Phrase d'exemple*	*Traduction*
wie (*comment*)	**Wie heißen Sie?**	*Comment vous appelez-vous ?*
wie viel (*combien*)	**Wie viel kostet die Karte?**	*Combien coûte le ticket ?*

Mot interrogatif	***Phrase d'exemple***	***Traduction***
wie viele (*combien de*)	**Wie viele Personen arbeiten in Ihrer Firma?**	*Combien de personnes travaillent dans votre entreprise ?*
was (*que*)	**Was machen wir nach der Pause ?**	*Que fait-on après la pause ?*
was für (*quel type de/ quelle sorte de/quel genre de*)	**Was für ein Auto fahren Sie?**	*Quel type de voiture conduisez-vous ?*
wann (*quand*)	**Wann beginnt das Konzert?**	*Quand commence le concert ?*
wo (*où*)	**Wo wohnen Sie?**	*Où habitez-vous ?*
woher (*d'où...*)	**Woher kommen Sie?**	*D'où venez-vous ?/D'où êtes-vous originaire ?*
wohin (*où, vers où...*)	**Wohin fährt der Bus?**	*Où va le bus ?*
welcher/welche/ welches (*quel, quelle, quels, quelles*)	**Welche Straßenbahn soll ich nehmen?**	*Quel tramway dois-je prendre ?*
wer (nominatif) (*qui* [sujet]), **wen** (accusatif) (*qui* [COD]), **wem** (datif) (*à qui* [COI]), **wessen** (génitif) (*de qui* [complément du nom])	**Wer ist Ihr Chef?** **Wen hast du getroffen?** **Mit wem sprichst du?** **Wessen Auto ist es?**	*Qui est votre chef ?* *Qui as-tu rencontré?* *À qui parles-tu ?* *C'est la voiture de qui ?*
warum (*pourquoi*)	**Warum hält der Zug jetzt an?**	*Pourquoi le train s'arrête-t-il maintenant ?*

Attention au cas

Les mots interrogatifs **welch-** et **wer** sont des pronoms interrogatifs. Vous devez connaître le rôle que jouent le cas et le genre du nom lorsque vous formez des questions avec ces mots.

Welcher/welche/welches (*quel, quelle, quels, quelles*) est un pronom interrogatif avec trois formes qui correspondent aux trois genres **der/die/das : welcher Computer** (*quel ordinateur*), **welche Frau** (*quelle femme*), **welches Auto** (*quelle voiture*). Il se décline comme un adjectif et s'accorde en genre, en nombre et en cas avec le nom qu'il précède. Par exemple, dans la phrase **Mit welchem Bus soll ich fahren?**

(*Quel bus dois-je prendre ?* littéralement, *Avec quel bus dois-je rouler ?*), la préposition **mit** est suivie du datif et **der Bus** est un nom masculin singulier. Il faut donc mettre **welch-** au datif masculin singulier : **welchem.**

Wer (*qui*) est un pronom interrogatif qui a trois autres formes. **Wer** est la forme du nominatif, **wen** (*qui*) celle de l'accusatif, **wem** (*à qui*) celle du datif et **wessen** (*de qui*) celle du génitif.

La locution interrogative **was für** (*quel type de/quelle sorte de/quel genre de*) contient la préposition **für** qui se construit avec l'accusatif mais **was für** ne détermine pas le cas : c'est le reste de l'information contenu dans la question qui détermine le cas. Examinez les questions suivantes :

> **Was für ein Fahrschein ist das?** (*Quel type de ticket est-ce ?*) Le sujet est **Fahrschein** qui est un nom masculin. **Ein Fahrschein** est au nominatif ; c'est le sujet de la question.
>
> **Was für einen Fahrschein kaufst du?** (*Quel type de ticket achètes-tu ?*) **Fahrschein** est un nom masculin. **Einen Fahrschein** est à l'accusatif ; c'est l'objet direct de la question.

Les mots interrogatifs combinés : les composés en wo-

L'ajout du mot interrogatif **wo-** (*où*) devant une préposition a pour résultat un mot interrogatif combiné. **Wo-** indique à l'interlocuteur qu'il va entendre une question et qu'elle portera sur l'objet de la préposition. L'interlocuteur reçoit donc l'information la plus importante de la question en premier lieu.

L'ordre des mots en allemand dans les questions en **wo-** est le même que pour **was** ou **warum** : mot interrogatif + verbe + sujet. Par exemple, avec **worüber**, qui signifie *de quoi, à propos de quoi* : **Worüber spricht sie?** (*De quoi parle-t-elle*?). On ne doit pas dire ***Über was spricht sie?** La formulation correcte est **Worüber spricht sie?**

Les mots interrogatifs en **wo-** remplissent une deuxième fonction importante ; ils offrent un large éventail de réponses possibles. Si vous demandez **Wofür sind Sie?** (*Pour quoi êtes-vous ?*), votre interlocuteur peut répondre aussi bien : **Ich bin für den Frieden** (*Je suis pour la paix*) que **Ich bin für einen Spaziergang im Park** (*Je suis pour une promenade dans le parc*).

N'OUBLIEZ PAS

> Le sens de la préposition combinée avec **wo-** peut différer de son sens original.

Le tableau 6-6 montre les composés les plus courants formés en ajoutant **wo-** aux prépositions. Les équivalents français peuvent vous aider à comprendre les prépositions, mais faites attention, car elles peuvent changer complètement de sens en fonction du contexte de la phrase. Quand la préposition commence par une voyelle, on insère la lettre **r** entre les deux éléments, pour des questions de phonétique (par exemple, **wo** + **-r-** + **in** = **worin**).

Tableau 6-6 : Les questions avec des mots interrogatifs en wo-

Préposition allemande	*Équivalent français*	*Mot interrogatif en wo-*
an	*à*	**woran**
auf	*sur*	**worauf**
aus	*de*	**woraus**
durch	*par*	**wodurch**
für	*pour*	**wofür**
gegen	*contre*	**wogegen**
in	*dans, à l'intérieur de*	**worin**
hinter	*derrière*	**wohinter**
mit	*avec*	**womit**
nach	*après*	**wonach**
über	*au-dessus de, d'un côté à 'autre*	**worüber**
um	*autour de*	**worum**
unter	*sous*	**worunter**
von	*de*	**wovon**
vor	*avant*	**wovor**
zu	*chez*	**wozu**

Fournir des informations

Cette section regorge de suggestions pour répondre à des demandes d'informations en allemand.

Lorsque vous voyez ou entendez une question qui commence par **warum?** (*pourquoi ?*), vous répondez avec **weil** (*parce que*) ou bien vous donnez simplement l'explication demandée.

> **Warum machst du das Fenster zu?** (*Pourquoi fermes-tu la fenêtre ?*)
>
> **– Weil es zieht.** (*Parce qu'il y a un courant d'air.*)
>
> **– Mir ist kalt.** (*J'ai froid.*)

Lorsque vous voyez ou entendez une question qui commence par **woher?** (*d'où ?*), vous indiquez l'origine de quelqu'un ou de quelque chose et utilisez la préposition **aus** (*de*) dans votre réponse avant de préciser le nom d'un lieu.

> **Woher kommen Sie?** (*D'où venez-vous ?*)
>
> **– Wir kommen aus Sion.** (*Nous venons de Sion.*)

Lorsque vous voyez ou entendez une question qui commence par **wohin?** (*où ?* dans le sens de « *dans quelle direction ?* »), vous indiquez une destination et employez **nach** (*à*) avant de préciser le nom d'un lieu.

> **Wohin fährt der Zug?** (*Où va le train ?*)
>
> **– Er fahrt nach Grassau.** (*Il va à Grassau.*)

Lorsque vous voyez ou entendez une question qui commence par **um wie viel Uhr?** (*À quelle heure ?*), vous répondez en donnant l'heure et vous employez **um** (*à*) avant l'expression de l'heure.

> **Um wie viel Uhr beginnt das Konzert?** (*À quelle heure commence le concert ?*)
>
> **– Es beginnt um 19.30.** (*Il commence à 19h30.*)

Lorsque vous voyez ou entendez une question qui commence par **wann?** (*quand* ?), vous répondez soit en indiquant une heure spécifique ou un moment.

> **Wann gehen wir ins Kino?** (*Quand allons-nous au cinéma ?*)

– **Um 21.00.** (*À 21 heures.*) [heure spécifique]

– **Am Samstag.** (*Samedi.*) [indication temporelle générale]

Lorsque vous voyez ou entendez une question qui commence par **wie?** (*comment ?*), vous répondez en décrivant quelque chose ou quelqu'un. **Wie** apparaît également dans plusieurs locutions figées.

Wie war der Flug? (*Comment était le vol ?*)

– **Zu lang.** (*Trop long.*)

Vous trouverez ci-dessous quelques expressions courantes avec **wie** :

- **Wie sagt man „mal à la tête" auf Deutsch?** (*Comment dit-on « mal à la tête » en allemand ?*)

  – **Kopfweh.** *(Mal à la tête.)*
- **Wie ist Ihre Adresse?** (*Quelle est votre adresse ?*)

  – **Landsbergerstraße 358, 80337 München.** *(358 rue Landsberger, 80337 Munich.)*
- **Wie heißen Sie?** (*Comment vous appelez-vous ?*)

  – **Zoé Berducat.** *(Zoé Berducat.)*
- **Wie geht's?** (*Comment ça va ?*) (familier)

  – **Nicht schlecht.** *(Pas mal.)*
- **Wie geht es Ihnen?** (*Comment allez-vous ?*) (formel)

  – **Sehr gut, danke.** *(Très bien, merci.)*

Chapitre 7

Parler du passé

Dans ce chapitre :

- Comprendre le passé composé
- Découvrir le prétérit

En allemand, il existe deux façons de décrire des événements passés : le passé composé et le prétérit. Pour simplifier, le passé composé est fréquent à l'oral, alors que le prétérit est considéré comme le passé de narration (et donc vous le rencontrerez plus souvent à l'écrit). Dans ce chapitre, je vous montre comment former et employer les deux temps du passé.

Converser au passé composé

L'allemand utilise le passé composé pour parler d'actions ou d'états dans le passé, terminés ou non. Ce temps est souvent décrit comme le passé de conversation parce que, bien sûr, on l'emploie dans la conversation.

Le passé composé en allemand est constitué de deux éléments :

- un verbe auxiliaire (**haben** [*avoir*] ou **sein** [*être*]) ;
- un participe passé (comme **gegangen** [*allé*], **gearbeitet** [*travaillé*] et **getrunken** [*bu*]).

La majorité des verbes forme le passé composé avec l'auxiliaire **haben** (*avoir*) et le participe passé du verbe conjugué. Les deux principales catégories de verbes, en fonction de la façon dont le participe passé est formé, sont appelées verbes *forts* et verbes *faibles*.

Bien que l'emploi de **haben** soit plus fréquent, certains verbes se conjuguent avec l'auxiliaire **sein**. Reportez-vous à la section « Former le passé composé avec l'auxiliaire **sein** » pour plus de détails.

Pour conjuguer un verbe au passé composé avec **haben**, prenez la personne de la conjugaison au présent du verbe **haben** qui convient parmi **ich habe, du hast, er/sie/es hat, wir haben, ihr habt, sie haben** ou **Sie haben**. Ajoutez ensuite le participe passé du verbe que vous conjuguez.

Conjuguer les verbes faibles au passé composé

Il existe deux types de verbes faibles en allemand : les verbes faibles réguliers et les verbes faibles irréguliers. Vous avez besoin de savoir comment former le passé composé pour ces deux types de verbes si vous voulez parler du passé.

Verbes faibles réguliers

Les verbes faibles réguliers composent le groupe de verbes le plus important. Pour former le participe passé, prenez le radical non modifié du verbe au présent et ajoutez le préfixe **ge-** et la désinence **-t** ou **-et**. La désinence **-et** est nécessaire dans les cas suivants :

- Pour les verbes dont le radical se termine par **-d** ou **-t,** ainsi **heiraten** (*marier*) devient **geheiratet** (*marié*).
- Pour certains verbes dont le radical se termine par **-m** ou **-n,** comme **regnen** (*pleuvoir*), qui devient **geregnet** (*plu*).
- Pour les verbes importés de l'anglais, comme **flirten** (*flirter*), qui devient **geflirtet** (*flirté*).

Soyez vigilant : les verbes qui se terminent en **-ieren**, comme **interpretieren** (*interpréter*), ont pour participe passé **interpretiert** (*interprété*), sans ajout du préfixe **ge-**. (Vous trouverez des renseignements sur ces verbes qui ne prennent pas de préfixe **ge-** plus loin dans ce chapitre, dans la section « Conjuguer les verbes non conformistes au passé composé ».)

Le tableau suivant présente la formation du passé composé du verbe faible régulier **arbeiten** (*travailler*). Conjuguez le verbe **haben** à la bonne personne puis ajoutez le participe passé de **arbeiten**. Pour créer le participe passé, vous supprimez la désinence de l'infinitif **-en**, vous gardez le radical **arbeit** et lui ajoutez **ge-** et **-et** de la façon suivante : **ge-** + **arbeit** + **-et** = **gearbeitet**.

arbeiten (*travailler*)	
ich **habe gearbeitet**	wir **haben gearbeitet**
du **hast gearbeitet**	ihr **habt gearbeitet**
er/sie/es **hat gearbeitet**	sie **haben gearbeitet**
Sie **haben gearbeitet**	
Sie **hat** bei einer Filmgesellschaft **gearbeitet**. (*Elle a travaillé pour une société de cinéma.*)	

Le tableau 7-1 montre quelques verbes faibles réguliers à l'infinitif en allemand et en français, puis le participe passé en allemand et en français.

Tableau 7-1 : Les participes passés des verbes faibles réguliers

Infinitif	*Participe passé*	*Infinitif*	*Participe passé*
arbeiten (*travailler*)	**gearbeitet** (*travaillé*)	**lieben** (*aimer*)	**geliebt** (*aimé*)
drucken (*imprimer*)	**gedruckt** (*imprimé*)	**lernen** (*apprendre*)	**gelernt** (*appris*)
führen (*mener*)	**geführt** (*mené*)	**machen** (*faire*)	**gemacht** (*fait*)
hören (*entendre*)	**gehört** (*entendu*)	**passen** (*aller bien [habits]*)	**gepasst** (*allé bien*)
hoffen (*espérer*)	**gehofft** (*espéré*)	**regnen** (*pleuvoir*)	**geregnet** (*plu*)
kaufen (*acheter*)	**gekauft** (*acheté*)	**sagen** (*dire*)	**gesagt** (*dit*)
kosten (*coûter*)	**gekostet** (*coûté*)	**schenken** (*offrir*)	**geschenkt** (*offert*)
kriegen (*obtenir*)	**gekriegt** (*obtenu*)	**spielen** (*jouer*)	**gespielt** (*joué*)
lächeln (*sourire*)	**gelächelt** (*souri*)	**surfen** (*surfer*)	**gesurft** (*fait du surf*)
leben (*vivre*)	**gelebt** (*vécu*)	**tanzen** (*danser*)	**getanzt** (*dansé*)

Verbes faibles irréguliers

Seuls quelques verbes faibles sont irréguliers. Ils ont bien le préfixe **ge-** et la désinence **-t**, mais ils ne suivent pas le même modèle que les verbes faibles réguliers. Le radical du présent change lorsqu'on met le verbe au participe passé.

Pour former ces verbes faibles irréguliers au passé composé, conjuguez le verbe **haben** au présent puis ajoutez le participe passé. Regardez ce qui se passe pour le verbe **denken** (*penser*).

denken (*penser*)	
ich **habe gedacht**	wir **haben gedacht**
du **hast gedacht**	ihr **habt gedacht**
er/sie/es **hat gedacht**	sie **haben gedacht**
Sie **haben gedacht**	
Lukas **hat** oft an seine Frau **gedacht.** (*Lukas a souvent pensé à sa femme.*)	

Le tableau 7-2 montre quelques verbes faibles irréguliers fréquents en allemand, avec leurs participes passés.

Tableau 7-2 : Les participes passés des verbes faibles irréguliers

Infinitif	***Participe passé***
brennen (*brûler*)	**gebrannt** (*brûlé*)
bringen (*apporter*)	**gebracht** (*apporté*)
denken (*penser*)	**gedacht** (*pensé*)
kennen (*connaître*)	**gekannt** (*connu*)
nennen (*appeler*)	**genannt** (*appelé*)
wissen (*savoir*)	**gewusst** (*su*)

Conjuguer les verbes forts au passé composé

Il est assez facile de repérer un verbe fort. Son participe passé se termine en **-en**. (La seule exception est le verbe **tun** [*faire*] dont le participe passé est **getan** [*fait*]). Pour la plupart des verbes forts, le participe passé commence par **ge-**.

Pour former le passé composé des verbes forts, conjuguez le verbe **haben** à la personne voulue puis ajoutez le participe passé. Examinez l'exemple ci-dessous avec le verbe **trinken** (*boire*).

trinken (*boire*)	
ich **habe getrunken**	wir **haben getrunken**
du **hast getrunken**	ihr **habt getrunken**
er/sie/es **hat getrunken**	sie **haben getrunken**
Sie **haben getrunken**	
Wir **haben** gestern viel Mineralwasser **getrunken.** (*Nous avons bu beaucoup d'eau minérale hier.*)	

Le tableau 7-3 présente le participe passé de quelques verbes forts fréquents.

Tableau 7-3 : Le participe passé des verbes forts

Infinitif	*Participe passé*	*Infinitif*	*Participe passé*
backen (*cuire au four*)	**gebacken** (*cuit au four*)	**schreiben** (*écrire*)	**geschrieben** (*écrit*)
beginnen (*commencer*)	**begonnen** (*commencé*)	**singen** (*chanter*)	**gesungen** (*chanté*)
essen (*manger*)	**gegessen** (*mangé*)	**sitzen** (*être assis*)	**gesessen** (*assis*)
finden (*trouver*)	**gefunden** (*trouvé*)	**sprechen** (*parler*)	**gesprochen** (*parlé*)
geben (*donner*)	**gegeben** (*donné*)	**stehen** (*être [debout]*)	**gestanden** (*été [debout]*)
halten (*tenir*)	**gehalten** (*tenu*)	**tragen** (*porter*)	**getragen** (*porté*)
heißen (*s'appeler*)	**geheißen** (*appelé*)	**treffen** (*rencontrer*)	**getroffen** (*rencontré*)
helfen (*aider*)	**geholfen** (*aidé*)	**trinken** (*boire*)	**getrunken** (*bu*)
lassen (*laisser*)	**gelassen** (*laissé*)	**tun** (*faire*)	**getan** (*fait*)
lesen (*lire*)	**gelesen** (*lu*)	**verlassen** (*quitter*)	**verlassen** (*quitté*)
liegen (*se trouver*)	**gelegen** (*trouvé*)	**verlieren** (*perdre*)	**verloren** (*perdu*)
nehmen (*prendre*)	**genommen** (*pris*)	**verstehen** (*comprendre*)	**verstanden** (*compris*)
rufen (*appeler*)	**gerufen** (*appelé*)	**waschen** (*laver*)	**gewaschen** (*lavé*)
schlafen (*dormir*)	**geschlafen** (*dormi*)	**ziehen** (*tirer*)	**gezogen** (*tiré*)

Former le passé composé avec l'auxiliaire sein

Bien que la majorité des verbes forme le passé composé avec l'auxiliaire **haben**, certains verbes forment le passé composé avec **sein** (*être*) et le participe passé du verbe conjugué. Ces derniers partagent des similarités :

- Ces verbes indiquent un changement d'état, comme **werden** (*devenir*) ou bien un déplacement vers ou depuis un lieu, comme **kommen** (*venir*).
- Ils n'ont pas d'objet direct, ce qui veut dire qu'ils sont *intransitifs*. Ainsi le verbe **laufen** (*courir*) est intransitif : **Wir sind schnell gelaufen** (*Nous avons couru vite*). Le verbe **trinken** (*boire*), lui, est un exemple de verbe transitif (qui accepte un objet direct), et il se conjugue avec l'auxiliaire **haben** (*avoir*) : **Ich habe eine Tasse Tee getrunken** (*J'ai bu une tasse de thé*).

En règle générale, le participe passé se forme en ajoutant **ge-** avant le radical de l'infinitif et **-en** après le radical. Par exemple, **kommen** (*venir*) devient **gekommen** (*venu*). Toutefois, il existe aussi des participes passés qui subissent des modifications de leur forme de base : **gehen** (*aller, marcher*) devient **gegangen** (*allé, marché*).

N'OUBLIEZ PAS

Pour former le passé composé avec **sein**, conjuguez **sein** au présent puis ajoutez le participe passé qui convient. Examinez l'exemple suivant de conjugaison du verbe **fahren** (*aller* [*en véhicule*]).

fahren (*aller* [en véhicule])	
ich **bin gefahren**	wir **sind gefahren**
du **bist gefahren**	ihr **seid gefahren**
er/sie/es **ist gefahren**	sie **sind gefahren**
Sie **sind gefahren**	
Bist du die ganze Nacht **gefahren**? (*Tu as roulé toute la nuit ?*)	

ASTUCE

Même dans la conversation, il est beaucoup plus courant d'employer le prétérit de **sein** que le passé composé ; par exemple, **Wie war der Flug von Zürich nach San Francisco?** (*Comment s'est passé le vol de Zurich à San Francisco ?* Mot à mot, *Comment était le vol de Zurich à San Francisco ?*).

Examinez le tableau 7-4 ; il fournit une liste de verbes qui se construisent avec **sein** au passé composé. Le radical de certains participes passés ne change pas ; d'autres doivent se contorsionner pour former leur participe passé.

Tableau 7-4 : Les verbes qui se conjuguent avec sein au passé composé

Infinitif	*Sein + participe passé*	*Infinitif*	*Sein + participe passé*
bleiben (*rester*)	**ist geblieben** (*est resté*)	**reiten** (*monter à cheval*)	**ist geritten** (*est monté à cheval*)
fahren (*aller [en véhicule]*)	**ist gefahren** (*est allé [en véhicule]*)	**schwimmen** (*nager*)	**ist geschwommen** (*a nagé*)
fallen (*tomber*)	**ist gefallen** (*est tombé*)	**sein** (*être*)	**ist gewesen** (*a été*)
fliegen (*voler, aller en avion*)	**ist geflogen** (*a volé, est allé en avion*)	**steigen** (*monter*)	**ist gestiegen** (*est monté*)
fließen (*couler*)	**ist geflossen** (*a coulé*)	**sterben** (*mourir*)	**ist gestorben** (*est mort*)
gehen (*aller, marcher*)	**ist gegangen** (*est allé, a marché*)	**wachsen** (*pousser, grandir*)	**ist gewachsen** (*a poussé, a grandi*)
kommen (*venir*)	**ist gekommen** (*est venu*)	**werden** (*devenir*)	**ist geworden** (*est devenu*)
laufen (*courir*)	**ist gelaufen** (*a couru*)		

Conjuguer les verbes « non conformistes » au passé composé

Il vous faudra parfois faire un peu de gymnastique pour former le passé composé de certains verbes qui ont des préfixes.

- Le premier groupe est celui des **verbes à préfixe séparable**. On les reconnaît au fait qu'ils ont un préfixe, comme **auf-**, qui se détache du verbe principal pour la conjugaison de certains temps.
- Le deuxième groupe est celui des **verbes à préfixe inséparable** : ces derniers se repèrent au fait qu'ils possèdent un préfixe, comme **be-**, qui ne se détache pas du verbe principal.
- Le troisième groupe est constitué de verbes dont l'infinitif se termine en **-ieren.**

Dans les sections suivantes, vous apprendrez à reconnaître ces verbes et à former leur passé composé.

Verbes à préfixe séparable

Pour les verbes à préfixe séparable, laissez le préfixe devant le verbe, insérez **ge-** juste après le préfixe, et faites suivre le reste du participe. La plupart des verbes de ce groupe, d'emploi courant, ressemblent aux verbes forts (participes passés avec désinence finale **-en**), comme décrit plus haut dans la section « Conjuguer les verbes forts au passé composé ».

N'OUBLIEZ PAS

On fabrique le passé composé de ces verbes avec **haben** ou **sein** au présent et le participe passé du verbe conjugué. Et donc si l'infinitif est **anrufen** (*appeler* [*au téléphone*]), vous obtenez le participe passé **angerufen** (*appelé*) constitué de trois éléments : **an** + **ge-** + **rufen**. Examinez la conjugaison du verbe **fernsehen** (*regarder la télé*).

fernsehen (*regarder la télé*)	
ich **habe ferngesehen**	wir **haben ferngesehen**
du **hast ferngesehen**	ihr **habt ferngesehen**
er/sie/es **hat ferngesehen**	sie **haben ferngesehen**
Sie **haben ferngesehen**	
Habt ihr am Wochenende **ferngesehen**? (*Avez-vous regardé la télé ce week-end ?*)	

N'OUBLIEZ PAS

Veillez à prononcer le participe passé des verbes à préfixe séparable en mettant l'accent sur le préfixe.

Le tableau 7-5 vous montre à quoi ressemblent les participes passés. J'ai signalé les verbes qui se conjuguent avec **sein** en ajoutant **ist** devant le participe passé.

Tableau 7-5 : Les verbes avec préfixes séparables

Infinitif	*Participe passé*	*Infinitif*	*Participe passé*
anfangen (*commencer*)	**angefangen** (*commencé*)	**mitbringen** (*apporter*)	**mitgebracht** (*apporté*)

Infinitif	*Participe passé*	*Infinitif*	*Participe passé*
ankommen (*arriver*)	**ist angekommen** (*est arrivé*)	**mitmachen** (*participer*)	**mitgemacht** (*participé*)
anrufen (*appeler*)	**angerufen** (*appelé*)	**stattfinden** (*avoir lieu*)	**stattgefunden** (*eu lieu*)
aufgeben (*abandonner, enregistrer* [bagages])	**aufgegeben** (*abandonné, enregistré*)	**vorhaben** (*prévoir*)	**vorgehabt** (*prévu*)
aussehen (*avoir l'air*)	**ausgesehen** (*eu l'air*)	**zurückgehen** (*reculer, décliner*)	**ist zurückgegangen** (*a reculé, a décliné*)
einkaufen (*faire les courses*)	**eingekauft** (*fait les courses*)	**zusammenfassen** (*résumer*)	**zusammengefasst** (*résumé*)
einladen (*inviter*)	**eingeladen** (*invité*)	**zusammen-kommen** (*venir avec*)	**ist zusammengekommen** (*est venu avec*)
fernsehen (*regarder la télé*)	**ferngesehen** (*regardé la télé*)		

Verbes à préfixe inséparable

Avec les verbes à préfixe inséparable, le participe passé peut avoir une désinence de verbe fort (**-en**) ou une désinence de verbe faible (**-t** ou **-et**), mais le reste est relativement facile. Pour distinguer facilement ces verbes de ceux à préfixe séparable, rappelez-vous ces trois caractéristiques du participe passé des verbes à préfixe inséparable :

- Le préfixe reste toujours accolé au reste du verbe, y compris au participe passé (d'où leur nom).
- On n'ajoute pas le préfixe **ge-** au participe passé.
- L'accent ne porte jamais sur le préfixe. Prenons l'exemple de l'infinitif du verbe **erKENnen** (*reconnaître*) et de son participe passé **erKANNT** (*reconnu*). On accentue la deuxième syllabe.

On forme le passé composé de ces verbes en conjuguant le verbe **haben** au présent puis en le faisant suivre du participe passé. Vous trouverez ci-dessous la conjugaison du verbe **bekommen** (*recevoir, avoir*).

bekommen (*recevoir, avoir*)	
ich **habe bekommen**	wir **haben bekommen**
du **hast bekommen**	ihr **habt bekommen**
er/sie/es **hat bekommen**	sie **haben bekommen**
Sie **haben bekommen**	
Warum **hast** du die Zeitung heute nicht **bekommen**? (*Pourquoi n'as-tu pas reçu le journal aujourd'hui ?*)	

Le tableau 7-6 liste quelques verbes à préfixe inséparable à l'infinitif, suivis de leur participe passé. Observez comme ces formes sont proches, identiques même pour certains verbes forts.

Tableau 7-6 : Les verbes avec préfixes inséparables

Infinitif	*Participe passé*	*Infinitif*	*Participe passé*
beantworten (*répondre*)	**beantwortet** (*répondu*)	**gebrauchen** (*utiliser*)	**gebraucht** (*utilisé*)
bekommen (*recevoir*)	**bekommen** (*reçu*)	**gefallen** (*plaire*)	**gefallen** (*plu*)
besuchen (*rendre visite à*)	**besucht** (*rendu visite à*)	**gehören** (*appartenir*)	**gehört** (*appartenu*)
bezahlen (*payer*)	**bezahlt** (*payé*)	**gewinnen** (*gagner*)	**gewonnen** (*gagné*)
erkennen (*reconnaître*)	**erkannt** (*reconnu*)	**missverstehen** (*mal comprendre, comprendre de travers*)	**missverstanden** (*mal compris, compris de travers*)
erklären (*expliquer*)	**erklärt** (*expliqué*)	**vergessen** (*oublier*)	**vergessen** (*oublié*)
erzählen (*raconter*)	**erzählt** (*raconté*)	**verlieren** (*perdre*)	**verloren** (*perdu*)

Verbes en -ieren

Les verbes en **-ieren** sont des verbes différents pour plusieurs raisons. Tout d'abord, leur désinence d'infinitif se distingue de celle des verbes normaux, dont la désinence est généralement **-en**. En outre, leur participe passé se forme sans **ge-**, mais avec **-t** en fin de mot.

ASTUCE

Généralement, il est possible de deviner le sens de ces verbes, et l'équivalent français est souvent un verbe du premier groupe en **-er** (**vibrieren** = *vibrer*) ou en **-ier** (**verifizieren** = *vérifier*).

Pour former le passé composé des verbes en **-ieren**, il vous suffit de retenir ces deux règles :

- Le participe passé se forme sans **ge-**.
- Le participe passé se forme toujours avec **-t**.

Regardez comme il est facile d'utiliser ces verbes :

> **Fotografieren** (*photographier*) : Der Journalist **hat** die Demonstration **fotografiert.** (*Le journaliste a photographié la manifestation.*)
>
> **Dekorieren** (*décorer*) : Vor dem Neujahrsfest **haben** wir das Wohnzimmer **dekoriert**. (*Avant le réveillon, nous avons décoré le salon.*)
>
> **Probieren** (*essayer, goûter*) : **Hast du die Torte schon probiert? Sie ist lecker!** (*As-tu goûté le gâteau ? Il est délicieux !*)

Écrire au prétérit

En allemand, le temps préféré pour parler de faits réels ou pour raconter des histoires est le prétérit, par exemple **er ging** (*il allait/il alla*), **wir mussten** (*nous devions/nous dûmes*) ou **ich sprach** (*je parlais/je parlai*).

Vous savez peut-être que le prétérit en allemand se traduit par l'imparfait ou le passé simple en français, mais il peut se traduire également par le passé composé : **Wir fuhren nach Sevilla** (*Nous allâmes à Séville* ou *Nous sommes allés à Séville*).

L'allemand tend à employer le prétérit à l'écrit, en particulier dans la presse, les livres, les narrations et même les contes de fées. Le prétérit est aussi un moyen de décrire des événements passés sans rapport avec le présent.

Le prétérit n'est pas très difficile à maîtriser. Il vous faut juste savoir qu'il existe plusieurs types de désinences en fonction de la catégorie du verbe :

- les verbes réguliers, aussi appelés *verbes faibles* ;
- les verbes irréguliers, aussi appelés *verbes forts* ;
- d'autres verbes irréguliers comme les *verbes auxiliaires* (**sein, haben, werden**) et les verbes *de modalité* (**wollen** [*vouloir*], etc.).

Remarque : une quatrième catégorie de verbes, dits à préfixe séparable, comprend les verbes qui ont un préfixe comme **ab-** ou comme **mit-** devant le verbe ; ces verbes peuvent être réguliers ou irréguliers. Le préfixe est séparé quand on conjugue le verbe, et il est généralement placé à la fin de la proposition. **Abfahren** (*partir*) et **mitkommen** (*venir* [avec], *accompagner*) sont deux exemples de ce phénomène.

Dans les sections suivantes, je vous montre comment conjuguer les verbes réguliers (faibles) et irréguliers (forts) au prétérit.

Conjuguer les verbes réguliers (verbes faibles) au prétérit

Les verbes réguliers sont ceux dont le radical ne change pas entre le présent et le prétérit. Par exemple, le radical du présent de **wohnen** est **wohn,** et le radical du prétérit est aussi **wohn-**. Les désinences sont ce qui fait la différence entre les deux temps.

Le prétérit des verbes réguliers se forme de la manière suivante :

- Ôter la désinence **-en** de l'infinitif.
- Ajouter **-te,** que j'appelle le *marqueur de temps.*
- Ajouter les désinences supplémentaires (sauf pour **ich** et **er/sie/es** qui n'ont pas d'autre désinence que **-te**). Les désinences sont les suivantes : rien, **-st,** rien, **-n, -t, -n** et **-n**.

Comparez le présent et le prétérit du verbe **wohnen** (*vivre*). La forme du présent est entre parenthèses après le prétérit.

wohnen (*vivre*) – prétérit (présent)	
ich wohn**te** (wohn**e**)	wir wohn**ten** (wohn**en**)
du wohn**test** (wohn**st**)	ihr wohn**tet** (wohn**t**)
er/sie/es wohn**te** (wohn**t**)	wir wohn**ten** (wohn**en**)
Sie wohn**ten** (wohn**en**)	
Ich **wohnte** in Dortmund. (*J'ai vécu à Dortmund.*)	

Un deuxième groupe de verbes réguliers est constitué des verbes dont le radical se termine en **-d** ou en **-t**. (Notez que quelques verbes dont le radical se termine en **-fn** ou **-gn** appartiennent aussi à cette catégorie.) Avec ces verbes, on ajoute un **-e** supplémentaire devant le marqueur de temps **-te** afin de faciliter leur prononciation. Prenons le verbe **arbeiten** (*travailler*), par exemple ; le prétérit se forme comme suit : **ich arbeit-** + **-e** + **-te** = **ich arbeitete**.

arbeiten (*travailler*) – prétérit (présent)	
ich arbeit**ete** (arbeit**e**)	wir arbeit**eten** (arbeit**en**)
du arbeit**etest** (arbeit**est**)	ihr arbeit**etet** (arbeit**et**)
er/sie/es arbeit**ete** (arbeit**et**)	sie arbeit**eten** (arbeit**en**)
Sie arbeit**eten** (arbeit**en**)	
Du **arbeitetest** sehr schnell. (*Tu as travaillé très vite.*)	

Former le prétérit des verbes irréguliers (forts)

Les verbes de cette section sont dits *irréguliers* parce que, contrairement aux verbes réguliers, ils présentent des changements vocaliques au prétérit. Il peut s'agir du simple changement d'une voyelle, d'un **i** qui devient **a** par exemple ; ainsi pour le verbe irrégulier **beginnen** (*commencer*), le radical du prétérit est **begann**.

Pour conjuguer les verbes irréguliers au prétérit, retenez ce qui suit :

- Ces verbes n'ont pas de désinences pour **ich** et **er/sie/es**.
- Les autres désinences, pour **du**, **wir**, **ihr**, **sie** et **Sie**, sont les mêmes que les désinences du présent. Les désinences sont : rien, **-st**, rien, **-en**, **-t**, **-en** et **-en**.

beginnen (*commencer*)	
ich begann	wir begann**en**
du begann**st**	ihr begann**t**
er/sie/es begann	sie begann**en**
Sie begann**en**	
Er **begann** zu laufen. (*Il se mit à courir.* Mot à mot, *il commença à courir.*)	

Par chance pour vous, l'allemand ne possède qu'un nombre relativement réduit de verbes (forts) dont vous devez vous préoccuper lorsque vous conjuguez le prétérit. Je donne le prétérit pour **er/sie/es** parce qu'il n'a pas de désinences. J'indique l'imparfait comme équivalent français, mais n'oubliez pas que le prétérit allemand peut se traduire également par le passé simple ou le passé composé, selon le contexte. Le tableau 7-7 fournit une liste de verbes irréguliers fréquents en allemand.

Tableau 7-7 : Le prétérit de verbes irréguliers fréquents

Infinitif	*prétérit (forme er/sie/es)*
beginnen (*commencer*)	**begann** (*commençait*)
essen (*manger*)	**aß** (*mangeait*)
fallen (*tomber*)	**fiel** (*tombait*)
finden (*trouver*)	**fand** (*trouvait*)
fliegen (*voler, aller en avion*)	**flog** (*volait, allait en avion*)
geben (*donner*)	**gab** (*donnait*)
gehen (*aller*)	**ging** (*allait*)
halten (*tenir, s'arrêter*)	**hielt** (*tenait, s'arrêtait*)
kommen (*venir*)	**kam** (*venait*)
lassen (*laisser*)	**ließ** (*laissait*)
liegen (*se trouver*)	**lag** (*se trouvait*)
schlafen (*dormir*)	**schlief** (*dormait*)
schwimmen (*nager*)	**schwamm** (*nageait*)
sehen (*voir*)	**sah** (*voyait*)
singen (*chanter*)	**sang** (*chantait*)
sitzen (*être assis*)	**saß** (*était assis*)
sprechen (*parler*)	**sprach** (*parlait*)
trinken (*boire*)	**trank** (*buvait*)

Chapitre 8

Se concentrer sur le futur

Dans ce chapitre :

- Parler du futur au présent
- Conjuguer les verbes au futur
- Respecter l'ordre temps, manière et lieu

Le français a plusieurs façons d'exprimer le futur alors qu'en allemand, c'est la simplicité même. Pourquoi ? Dans un grand nombre de situations, il est possible d'éviter le futur même pour décrire un événement à venir. En fait, l'allemand utilise beaucoup moins le futur que le français.

Avant de partir dans le futur, la première étape sera le présent. Au début de ce chapitre, vous découvrirez comment le présent peut être utilisé dans des situations où le français utiliserait le futur ou le futur proche. Plus loin dans ce chapitre, vous sauterez dans le bus du futur et découvrirez sa conjugaison et son emploi. J'inclus aussi les expressions de temps les plus fréquentes associées avec le futur, ainsi qu'une brève liste des adverbes en rapport avec le futur pour exprimer votre attitude à propos d'un événement prochain.

Exprimer le futur avec un verbe au présent

De manière générale, il n'est pas nécessaire d'utiliser le temps du futur en allemand s'il est clair que l'action va se produire. Imaginez que vous êtes sur le quai du métro et que la rame arrive à la station Marienplatz à Munich. Vous avez six sacs et un bras cassé, et quelqu'un derrière vous vous dit **Ich helfe Ihnen** (littéralement : *Je vous aide*). En français, votre sauveur vous dirait « *Je vais vous aider* ». Votre sauveur germanophone n'est pas allergique à la grammaire, c'est tout bonnement un ange venu du ciel qui parle parfaitement sa langue.

DIFFÉRENCES

Le français a trois façons d'exprimer le futur, à la différence de l'allemand qui n'a que deux temps pour en parler. Et le futur s'emploie beaucoup moins souvent en allemand qu'en français. Regardez comment le futur est exprimé en français et en allemand :

- Le présent peut être employé pour les horaires, comme dans les plans de voyage. L'allemand se comporte de la même façon : **Die Maschine startet um 7.40 Uhr** (*L'avion part à 7 h 40*).
- Ensuite, il existe le futur proche, *aller* + *infinitif*, comme dans la phrase *Nous allons voir mes cousines ce week-end*, une formulation qui n'existe pas en allemand. Dans ce cas, on emploie généralement le présent en allemand : **Dieses Wochenende besuchen wir meine Kusinen**.
- Pour former le futur en allemand, on utilise la construction **werden** + *infinitif* : **Wir werden nach Berlin fahren** (*Nous irons à Berlin*). Le futur s'emploie moins souvent en allemand parce que le présent peut convenir dans un grand nombre de cas.

Les sections suivantes examinent plus en détail comment l'allemand emploie le présent pour parler du futur.

Savoir quand employer le présent

En français, on rencontre toutes sortes de situations qui nécessitent l'emploi du futur. Mais en allemand, on peut parler des mêmes situations avec le présent quand le contexte général est clair. (Le chapitre 3 traite du présent en détail, si vous avez besoin de vous rafraîchir la mémoire.)

Les exemples suivants vous donnent une vue d'ensemble des situations dans lesquelles l'allemand emploie le présent pour exprimer le futur. Toutefois, en français, on a tendance à employer le futur quand on utilise une expression qui fait référence au futur, comme *la semaine prochaine*.

Vielleicht ruft er morgen an. (*Peut-être qu'il appellera demain.*) **Morgen** (*demain*) est un adverbe de temps qui exprime le futur. Le verbe allemand est au présent.

Dieses Wochenende besuchen wir meine Kusinen. (*Ce week-end, nous allons voir mes cousines.*) **Dieses Wochenende** (*Ce week-end*) renvoie au week-end qui vient ; l'allemand n'a pas d'équivalent du futur proche français *aller + infinitif.* Le verbe allemand est au présent.

Ich bleibe heute etwas länger im Büro. (*Aujourd'hui, je reste un peu plus tard au bureau.*) La référence à **heute** (*aujourd'hui*) en rapport avec **länger** (*plus longtemps*) signifie plus tard aujourd'hui ; l'allemand emploie le présent.

Ich glaube/Ich denke, ich bleibe zu Hause. (*Je crois/ Je pense que je vais rester à la maison.*) Dans ce cas, l'allemand emploie le présent (**ich bleibe** [*je reste*]) alors que le français choisit le futur proche (*je vais rester*).

Ich vergesse nicht/Ich werde nicht vergessen. (Littéralement, *Je n'oublie pas./Je n'oublierai pas.*) En français, pour faire une promesse on emploie le futur. (Si vous dites *Je n'oublie pas,* c'est une déclaration factuelle, pas une promesse.) En allemand, une promesse peut se faire de deux façons, au présent ou au futur.

Employer des expressions pour parler du futur

Pour parler d'événements qui doivent se produire dans le futur, on introduit souvent une expression de temps. Il existe de nombreuses expressions en allemand comme **heute Abend** (*ce soir*) ou **morgen früh** (*demain matin*). La bonne nouvelle est que ces expressions sont souvent accompagnées du présent.

Examinez les expressions de temps qui suivent :

- **am Anfang der Woche** (*au début de la semaine*)
- **am Dienstag** (*mardi*)
- **diese Woche** (*cette semaine*)
- **dieses Jahr** (*cette année*)

- **dieses Wochenende** (*ce week-end*)
- **heute** (*aujourd'hui*)
- **heute Abend** (*ce soir*)
- **heute Morgen** (*ce matin*)
- **im Frühling** (*au printemps*)
- **in vier Monaten** (*dans quatre mois*)
- **in vier Stunden** (*dans quatre heures*)
- **morgen** (*demain*)
- **morgen früh** (*demain matin*)
- **morgen Nachmittag** (*demain après-midi*)
- **nächsten Dienstag** (*mardi prochain*)
- **nächste Woche** (*la semaine prochaine*)
- **übermorgen** (*après-demain*)

En allemand, on peut exprimer des événements futurs à l'aide d'une expression de temps et d'un verbe au présent : **Ich bin nächste Woche in Frankfurt** (*Je serai à Francfort la semaine prochaine*).

Parler du futur avec werden

Quand on ne mentionne pas le moment spécifique auquel un événement doit se produire, on emploie généralement **werden** pour exprimer le futur.

Cette section vous montre comment conjuguer le futur et l'employer correctement dans différentes circonstances.

Conjuguer un verbe au futur

Pour former le futur, on conjugue l'auxiliaire **werden** avec l'infinitif du verbe que l'on souhaite mettre au futur : **Ich werde bald nach Berlin fahren** (*J'irai bientôt à Berlin*). Notez que l'infinitif, **fahren,** est renvoyé à la fin de la phrase.

fahren (aller) au futur	
ich **werde** fahren	wir **werden** gehen
du **wirst** fahren	ihr **werdet** gehen
er/sie/es **wird** fahren	sie **werden** gehen
Sie **werden** fahren	
Ich **werde** bald nach Berlin fahren. (*J'irai bientôt à Berlin.*)	

N'OUBLIEZ PAS

Werden est un verbe sournois. Il a plusieurs significations. Dans cette section, il sert d'auxiliaire pour former le futur. Il est toujours associé à un verbe à l'infinitif. Toutefois, quand **werden** est le verbe principal et qu'il est utilisé avec un nom ou un adjectif, il signifie devenir et indique un changement d'état : **Wir werden immer älter** (*Nous vieillissons* [Littéralement, *nous devenons de plus en plus vieux*]).

Bien employer le futur

Les locuteurs allemands utilisent le futur avec **werden** dans plusieurs cas, notamment pour :

- supposer, espérer qu'un événement se produira ou ne se produira pas ;
- souligner des intentions ;
- conseiller vivement ou donner un sérieux avertissement ;
- discuter de la probabilité d'un événement.

Les sections suivantes vous montrent comment employer **werden** correctement dans chacune de ces situations.

Supposer, espérer

Pour indiquer la supposition ou l'espoir qu'un événement se produira, l'allemand emploie le verbe **werden**.

Ich denke, wir werden ein erholsames Wochenende zu Hause haben. (*Je pense que nous passerons un week-end tranquille à la maison.*)

Sie werden das Fußballspiel wohl gewinnen. (*Ils vont sans doute gagner le match de football.*)

Ich hoffe, sie wird nicht zu spät kommen. (*J'espère qu'elle ne viendra pas trop tard.*)

DIFFÉRENCES

> Observez qu'en allemand, les verbes **denken** (*penser*) et **hoffen** (*espérer*) sont suivis d'une virgule lorsqu'ils introduisent une proposition subordonnée.

Tout comme on emploie le futur avec **werden** pour indiquer que quelque chose va se produire dans un avenir plus ou moins proche, on l'emploie aussi pour quelque chose qui *ne se produira pas*. Les deux possibilités sont **werden** + **nicht** et **werden** + **kein**, en fonction de ce qui fait l'objet de la négation :

- **Nicht** est généralement employé comme négation avec un verbe : **nicht fahren** (*ne pas aller*). Le mot peut aussi servir de négation pour un adjectif, comme **nicht lustig** (*pas drôle*), ou un adverbe, comme **nicht pünktlich** (*pas à l'heure*). **Nicht** est invariable.

  Ich werde nicht hier bleiben. (*Je ne resterai pas là.*) **Nicht** sert de négation à l'information **hier bleiben**.

  Wir werden morgen nicht nach Hause fahren. (*Nous ne rentrerons pas à la maison demain.*) **Nicht** sert de négation à **nach Hause fahren.**

- **Kein** sert de négation avec un nom, comme dans l'expression **keine Zeit** (*pas le temps*). **Kein** se décline et s'accorde en genre, en nombre et en cas avec le mot qu'il précède.

  Meine Freunde werden kein Geburtstagsfest für mich organisieren. (*Mes amis ne m'organiseront pas de fête d'anniversaire.*) **Kein** sert de négation à **Geburtstagsfest** ; le mot remplace l'article **ein. Kein** est à l'accusatif comme le mot qu'il précède, **Geburtstagsfest**.

  Silke studiert sehr fleißig, aber sie wird später keine erfolgreiche Dolmetscherin sein. (*Silke travaille vraiment beaucoup, mais elle ne sera pas une bonne interprète plus tard.*) **Keine** sert de négation à **Dolmetscherin** ; il remplace **eine. Keine** est la forme du nominatif.

Reportez-vous au chapitre 6 pour plus d'informations sur **nicht** et **kein.**

Souligner des intentions

Lorsque les locuteurs allemands veulent souligner leur intention de faire quelque chose, ils emploient le futur avec **werden**. En français, dans des cas semblables, nous disons souvent que nous *allons faire* quelque chose. Examinez les exemples suivants :

> **Ich werde einen fantastischen Urlaub in den Bergen Italiens verbringen.** (*Je vais passer des vacances fantastiques dans les montagnes d'Italie.*)
>
> **Du wirst mir eine Postkarte aus Brixen schicken, oder?** (*Tu vas m'envoyer une carte postale de Brixen, n'est-ce pas ?*)
>
> **Ich werde sicherlich nicht vergessen.** (*Je suis sûr que je ne vais pas oublier.*)

Conseiller vivement ou donner un sérieux avertissement

Conseiller vivement ou donner un sérieux avertissement sont d'autres situations dans lesquelles les locuteurs d'allemand emploient le futur avec **werden**. Toutefois il ne s'agit pas de donner des ordres, ce qui en allemand, comme en français, se fait avec l'impératif qui a une forme différente. Pour plus d'informations sur l'impératif, reportez-vous au chapitre 9. Examinez les trois exemples ci-dessous :

> **Du wirst jetzt ruhig sein!** (*Tu vas te calmer maintenant !*)
>
> **Sie werden jetzt ganz still sein!** (*Vous allez vous taire maintenant !*)
>
> **Ihr werdet sofort aufhören!** (*Vous allez arrêtez immédiatement !*)

Exprimer la probabilité

Quand vous n'avez pas de certitude absolue qu'un événement va ou ne va pas se produire, vous employez des expressions qui décrivent la probabilité. Vous pouvez avoir la conviction que votre équipe favorite va remporter un match, mais pas à 100 % et vous ajoutez alors des mots pour introduire un élément de doute et exprimer une probabilité.

Vous trouverez ci-dessous quelques expressions courantes :

- **wohl** (*sûrement, sans doute, probablement*) : **wohl** exprime une très forte probabilité.
- **sicher** (*sûrement, probablement, certainement*) : **sicher** exprime une très forte probabilité.
- **schon** (*probablement*) : ce mot difficile à saisir peut signifier *déjà* ou bien souligner que vous avez conscience d'un événement ou d'un fait.

Examinez ces exemples :

Die Haffenreffers werden wohl eine neue Garage bauen. (*Les Haffenreffer vont sûrement construire un nouveau garage.*)

Leander Haffenreffer wird sicher ein neues Auto kaufen. (*Leander Haffenreffer va sûrement acheter une nouvelle voiture.*)

Der Nachbar der Haffenreffers wird schon ein riesengroßes Schwimmbecken bauen. (*Le voisin des Haffenreffer va probablement faire construire une grande piscine.*)

Se souvenir de l'ordre des mots

N'OUBLIEZ PAS

En allemand, l'ordre des mots typique est le suivant : *temps*, *manière* et *lieu*. Examinez l'ordre des mots dans une phrase standard :

- Sujet + verbe actif en deuxième position : **Ich fahre** (*Je vais*)
- Temps (quand) : **morgen Nachmittag** (*demain après-midi*)
- Manière (comment) : **mit dem Zug** (*en train*)
- Lieu (où) : **nach Hamburg** (*à Hambourg*)

Quand on réunit tous les éléments, la phrase se présente comme suit : **Ich fahre morgen Nachmittag mit dem Zug nach Hamburg** (*Je prends le train demain après-midi pour Hambourg*).

N'OUBLIEZ PAS

Lorsque vous avez un problème d'ordre des mots, rappelez-vous qu'en allemand, le verbe principal conjugué apparaît généralement en deuxième position dans la phrase.

ASTUCE

Quand vous formez une phrase qui comporte une mention de temps, comme **am Mittwoch** (*mercredi*) ou **morgen** (*demain*), ainsi qu'un complément de manière et/ou de lieu, vous pouvez souhaiter apporter des éclaircissements sur *le moment* où quelque chose se produit. Dans ce cas, mettez simplement l'expression au tout début de la phrase, et faites suivre le verbe et le sujet. Placer l'expression de temps au tout début de la phrase peut être une bonne astuce si vous avez des difficultés à mémoriser le trio *temps*, *manière* et *lieu*. De cette façon, le problème du temps est réglé, et il ne reste plus qu'à mémoriser le fait que la *manière* vient avant le *lieu*.

Les exemples suivants décrivent le moment où certaines activités se produisent. Vous voyez tout d'abord les quatre phrases en allemand au présent, ensuite vous les voyez au futur. Il est possible d'employer le présent et le futur mais les locuteurs d'allemand choisissent spontanément le présent pour les phrases qui indiquent qu'un événement se produira dans l'avenir, *mardi prochain* ou bien *après-demain*. Observez la différence de l'ordre des mots pour les deux parties du verbe lorsque le futur avec **werden** est employé.

Ich fliege am Dienstag nach Graz. Ich werde am Dienstag nach Graz fliegen. (*Je vais à Graz mardi.*)

Ich denke, ich arbeite dieses Wochenende zu Hause. Ich denke, ich werde dieses Wochenende zu Hause arbeiten. (*Je pense que je vais travailler à la maison ce week-end.*)

Übermorgen habe ich einen Termin mit einem neuen Kunden. Übermorgen werde ich einen Termin mit einem neuen Kunden haben. (*Après-demain, j'ai rendez-vous avec un nouveau client.*) **Übermorgen** est en début de phrase, il est suivi du verbe conjugué (**werde**) et le sujet (**ich**) vient en troisième position.

Heute Abend telefoniere ich mit dem chinesischen Lieferanten. Heute Abend werde ich mit dem chinesischen Lieferanten telefonieren (*Ce soir, j'appellerai le fournisseur chinois.*) **Der Lieferant** signifie *le fournisseur.* L'élément de temps **heute Abend** vient en premier, le verbe suit en deuxième position et il est lui-même suivi du sujet.

Chapitre 9

Comprendre les modes

Dans ce chapitre :

- Donner des ordres à l'impératif
- Mieux connaître le subjonctif
- Employer le subjonctif au présent et au passé

Un *mode* traduit la manière dont un locuteur perçoit une action. En allemand, il existe trois modes de conjugaison :

- L'*indicatif* présente un fait ou traite d'une situation réelle au présent, au passé ou au futur. (Voir les chapitres 3, 7 et 8 pour en savoir plus sur ces temps.)
- L'*impératif* est le mode utilisé pour donner des ordres.
- Le *subjonctif* sert à présenter des actions ou des pensées éventuelles, hypothétiques, « irréelles ». L'allemand a deux types de subjonctifs. On utilise le subjonctif II pour décrire des situations imaginées hypothétiques, improbables, incertaines ou potentielles, et pour formuler des vœux ou des demandes polies. On emploie le subjonctif I surtout à l'écrit dans le discours indirect, pour rapporter les paroles de quelqu'un. (Le discours indirect raconte ce que quelqu'un a pu dire, sans guillemets, et cela évite de fournir une citation exacte.)

Ce chapitre vous donne les bases de l'impératif et du subjonctif.

Donner des ordres avec l'impératif

Quand on veut donner à quelqu'un l'ordre de faire quelque chose, on utilise généralement un mode particulier, que l'on appelle *l'impératif*. Néanmoins, on peut aussi employer l'impératif dans d'autres situations, pour donner des instructions, prodiguer des encouragements, faire des suggestions, persuader quelqu'un. Cette section vous fait découvrir les trois formes de l'impératif et vous explique comment les employer.

Les trois formes de l'impératif

Quand vous voulez intimer à quelqu'un l'ordre de faire quelque chose, vous utilisez l'impératif. En allemand, veillez à utiliser la forme correcte du verbe et la bonne personne pour que votre interlocuteur vous comprenne. (Même si ça ne veut pas dire qu'il fera ce que vous demandez…)

On peut donner des ordres à une personne que l'on tutoie (**du**), à plusieurs personnes que l'on tutoie (**ihr**), à une personne que l'on vouvoie (**Sie**) ou à plusieurs personnes que l'on vouvoie (**Sie**). Le tableau 9-1 donne des exemples et explique comment conjuguer les formes verbales à l'impératif. J'ai indiqué quelques exceptions juste après le tableau.

Tableau 9-1 : Les formes de l'impératif en allemand

Pronom allemand	*Traduction*	*Phrase d'exemple*	*Traduction*	*Comment conjuguer le verbe*
du	*tu*	**Fahre vorsichtig!**	*Conduis prudemment !*	verbe fahren : radical du verbe **fahr** + **-e**
ihr	*vous* (deuxième personne du pluriel, tutoiement)	**Öffnet bitte die Fenster!**	*S'il vous plaît, ouvrez-les fenêtres !*	verbe öffnen : comme la forme en **ihr** au présent
Sie	*vous* (formule de politesse, singulier ou pluriel)	**Zeigen Sie mir, bitte!**	*S'il vous plaît, montrez-moi !*	verbe **zeigen** : comme la forme en **Sie** au présent

N'OUBLIEZ PAS

Généralement, la forme de l'impératif pour **du** est simplement : radical du verbe + **-e** (par exemple, **geh** + **-e** = **gehe** [*va*]). Mais il existe des exceptions à l'impératif pour **du** :

- Pour les verbes dont le radical se termine par un **-d** ou un **-t,** d'ordinaire, on n'omet pas le **-e, arbeite** (*travaille*).
- Si le verbe a un radical qui change la voyelle **e** ou **eh** en **i** à la deuxième et à la troisième personne du singulier au présent de l'indicatif, à l'impératif, la voyelle change aussi à la deuxième personne du singulier et on n'ajoute pas de **-e** à la fin du verbe : **essen** → **iss** (*mange*) ; **nehmen** → **nimm** (*prends*). (Voir le chapitre 3 pour les verbes avec un radical qui change de voyelle.)
- Le verbe **sein** (*être*) est (bien sûr !) irrégulier à l'impératif : forme en **du : sei,** forme en **ihr : seid,** forme en **Sie : seien Sie.**

Employer l'impératif

N'OUBLIEZ PAS

Comme en français, lorsque vous écrivez un ordre en allemand, vous pouvez mettre un point d'exclamation à la fin de la phrase. Cela renforce le message.

DIFFÉRENCES

En revanche, en allemand, le point d'exclamation est directement collé à la fin du dernier mot, sans espace : **Sag mir, was passiert ist!** (*Dis-moi ce qui s'est passé !*)

Sur les panneaux allemands, vous verrez souvent des formules à l'infinitif précédées de **nicht,** qui mettent en garde sur des actions à ne pas faire, comme dans un parc : **Rasen nicht betreten!** (*Ne pas marcher sur la pelouse !*) D'un point de vue grammatical, ce sont des impératifs. Dans un train, vous pourrez lire par exemple : **Nicht hinauslehnen** (*Ne pas se pencher*).

Dans certains cas, la limite entre les demandes et les ordres est ténue. Que l'on pose une question ou que l'on donne un ordre, l'ordre des mots est inversé avec le verbe au début, suivi du sujet. Si vous posez la question **Können Sie das bitte machen?** (*Pouvez-vous faire cela, s'il vous plaît ?*), vous demandez à quelqu'un de faire quelque chose. C'est une question qui dissimule un ordre. Vous formulez votre requête de manière polie en utilisant un verbe de modalité, **können** (*pouvez*) et en utilisant **bitte** (*s'il vous plaît*). Vous finissez la requête avec la voix qui monte, ou à l'écrit, avec un point d'interrogation. En revanche, si vous voulez ordonner à quelqu'un de faire quelque chose dans un langage poli mais plus direct, vous dites plutôt **Machen Sie das, bitte.** (*Faites cela, s'il vous plaît.*) Votre voix retombe à la fin, ou, à l'écrit, vous utilisez un point. Vous employez l'impératif.

> **Können Sie mir bitte helfen?** (*Pouvez-vous m'aider, s'il vous plaît ?*) La forme interrogative, **können** et **bitte** indiquent une requête : vous demandez (poliment) à quelqu'un de faire quelque chose.
>
> **Helfen Sie mir, bitte.** (*Aidez-moi, s'il vous plaît.*) La forme impérative est une requête dans un langage plus direct, mais **bitte** rend cette requête plus polie.

L'impératif est également employé pour faire des suggestions. Voici comment faire des propositions en allemand à un groupe dont on fait partie : **Fahren wir Fahrrad** (*Faisons du vélo*). C'est la forme verbale de **wir** (*nous*) avec inversion de l'ordre des mots.

Maîtriser le présent du subjonctif II

Dans cette section, je vous montre deux manières de former le présent du subjonctif II pour faire des hypothèses, demander quelque chose ou exprimer un souhait.

La forme la plus fréquente du présent du subjonctif II est la construction **würde** + **infinitif.** Le verbe **werden** conjugué au subjonctif (**würde**) accompagne l'infinitif du verbe. Regardez cet exemple : **Ich würde gern nach Hamburg fahren** (*J'aimerais bien aller à Hambourg*). La plupart des verbes utilisent cette construction en deux parties.

L'autre manière de former le présent du subjonctif II que je vous montre dans cette partie est habituellement utilisée pour un groupe de verbes restreint, mais qui a son importance. Pour ces verbes, vous formez le subjonctif en ajoutant au verbe principal les terminaisons du subjonctif.

Former le présent du subjonctif II avec würde

Le présent du subjonctif II en **würde** + **infinitif** a de nombreux usages. Lorsque vous formulez une demande, il vaut mieux être poli, en particulier quand vous demandez à quelqu'un de faire (ou de ne pas faire) quelque chose. Vous utilisez donc cette forme – par exemple, **Würden Sie mir bitte helfen?** (*Pourriez-vous m'aider, s'il vous plaît ?* [Mot à mot, *M'aideriez-vous, s'il vous plaît ?*]).

N'OUBLIEZ PAS

Il est facile de retenir la forme commune du présent du subjonctif II, qui utilise la construction avec **würde**. Il suffit de prendre la forme au prétérit de **werden** (qui ne se traduit pas dans ce contexte) et d'ajouter un tréma : par exemple, **ich wurde** devient **ich würde,** le subjonctif II de **werden** à la première personne du singulier. Ajoutez ensuite l'infinitif du verbe que vous voulez exprimer au subjonctif, et c'est bon !

Regardez la conjugaison de **werden** au subjonctif II dans le tableau ci-dessous, où **arbeiten** (*travailler*) est le verbe principal.

ich würde arbeiten (*subjonctif II : je travaillerais*)	
ich **würde** arbeiten (*je travaillerais*)	wir **würden** arbeiten (*nous travaillerions*)
du **würdest** arbeiten (*tu travaillerais*)	ihr **würdet** arbeiten (*vous travailleriez*)
er/sie/es **würde** arbeiten (*il/elle travaillerait*)	sie **würden** arbeiten (*ils/elles travailleraient*)
Sie **würden** arbeiten (*vous travailleriez*)	
Ich würde gerne in Wien **arbeiten.** (*J'aimerais bien travailler à Vienne.* Littéralement, *je travaillerais volontiers à Vienne.*)	

Regardez ces exemples :

Würden Sie mir bitte mit meinem Koffer helfen? (*Pourriez-vous m'aider avec ma valise, s'il vous plaît ?* Littéralement, *M'aideriez-vous avec ma valise, s'il vous plaît ?*)

Ich würde gern nach Salzburg reisen. (*J'aimerais bien aller en voyage à Salzbourg.* Mot à mot, *je voyagerais volontiers à Salzbourg.*) La personne rêve d'un voyage à Salzbourg. On utilise l'adverbe **gern** (*volontiers*) pour indiquer le souhait.

An deiner Stelle würde ich lieber den Kilimanjaro anschauen. (*À ta place, je préférerais voir le Kilimandjaro.* Mot à mot, *je verrais plus volontiers le Kilimandjaro.*) Le locuteur fait une hypothèse avec la condition *si j'étais à ta place.* On emploie l'adverbe **lieber** (*plus volontiers*) pour exprimer la préférence.

Les verbes de modalité **dürfen, können, mögen, müssen, sollen** et **wollen,** ainsi que les auxiliaires **haben** et **sein**, n'utilisent pas, en général, la construction au subjonctif avec **würde.**

Former le subjonctif II avec d'autres verbes auxiliaires

Les germanophones utilisent souvent **haben** (*avoir*) et **sein** (*être*) conjugués au présent du subjonctif II pour exprimer des souhaits, des hypothèses et des choses contraires aux faits, comme **ich hätte mehr Zeit** (*J'aurais plus de temps*) ou **es wäre einfacher** (*ce serait plus facile*). Les verbes de modalités utilisent le présent du subjonctif II pour exprimer des souhaits ou d'autres situations en se combinant avec un autre verbe à l'infinitif – par exemple, **Du solltest vorsichtig fahren** (*Tu devrais conduire prudemment*). (Cf. le chapitre 4 pour les verbes de modalité.) Tous ces verbes – plus quelques verbes forts – prennent les mêmes terminaisons au subjonctif.

Haben et sein

Pour former le subjonctif avec **haben** (*avoir*), commencez avec **hatte** (le radical du prétérit), enlevez le **-e** et ajoutez un tréma et la terminaison appropriée du subjonctif : **-e, -est, -e, -en, -et, -en** et **-en.**

ich hätte (*subjonctif II : j'aurais*)	
ich hätt**e** (*j'aurais*)	wir hätt**en** (*nous aurions*)
du hätt**est** (*tu aurais*)	ihr hätt**et** (*vous auriez*)
er/sie/es hätt**e** (*il/elle aurait*)	sie hätt**en** (*ils/elles auraient*)
Sie hätt**en** (*vous auriez*)	
Ich **hätte** lieber ein umweltfreundliches Auto. (*Je préférerais avoir une voiture écologique.*)	

Pareil pour **sein** (*être*), pour former le présent du subjonctif, commencez avec **war** (le radical du prétérit) et ajouter un tréma et la terminaison appropriée du subjonctif : **-e, -est, -e, -en, -et, -en** et **-en.**

ich wäre (*subjonctif II : je serais*)	
ich wär**e** (*je serais*)	wir wär**en** (*nous serions*)
du wär**est** (*tu serais*)	ihr wär**et** (*vous seriez*)
er/sie/es wär**e** (*il/elle serait*)	sie wär**en** (*ils/elles seraient*)
Sie wär**en** (*vous seriez*)	
Wir **wären** sicher reich. (*Nous serions certainement riches.*)	

Verbes de modalité et autres verbes spéciaux

L'allemand utilise très fréquemment le présent du subjonctif II avec les verbes de modalité (**dürfen**, **können**, **mögen**, **müssen**, **sollen** et **wollen**). Ce n'est pas très difficile de conjuguer ces verbes au subjonctif présent. Prenez simplement le radical du verbe au prétérit, ajoutez un tréma uniquement s'il y a en a un à l'infinitif, puis ajoutez la terminaison du subjonctif appropriée : **-e**, **-est**, **-e**, **-en**, **-et**, **-en** et **-en**. Il n'y a que deux verbes de modalité – **sollen** et **wollen** – qui n'ont pas de tréma à l'infinitif. (Pour plus d'informations sur les verbes de modalité, voir le chapitre 4.)

ich könnte (*subjonctif II : je pourrais*)	
ich könnt**e** (*je pourrais*)	wir könnt**en** (*nous pourrions*)
du könnt**est** (*tu pourrais*)	ihr könnt**et** (*vous pourriez*)
er/sie/es könnt**e** (*il/elle pourrait*)	sie könnt**en** (*ils/elles pourraient*)
Sie könnt**en** (*vous pourriez*)	
Sie **könnte** uns helfen. (*Elle pourrait nous aider.*)	

Remarque : tous les verbes peuvent être conjugués au subjonctif présent en partant du radical du verbe au prétérit et en ajoutant les terminaisons du subjonctif (et parfois un tréma). Mais la plupart du temps, on ne les conjugue pas : on utilise la construction **würde** + **infinitif**. Cependant, quelques-uns sont utilisés sans la construction **würde** + **infinitif**. Parmi les verbes qui ne font pas comme les autres, ceux que vous rencontrerez le plus souvent sont **gehen** (*aller*), **heißen** (*s'appeler*), **tun** (*faire*), **werden** (*devenir*) et **wissen** (*savoir*). Ces verbes forment le subjonctif de la manière suivante :

- Pour les verbes forts, le présent du subjonctif II se forme à partir du radical du prétérit du verbe + tréma (quand c'est possible, c'est-à-dire lorsqu'il y a un **a**, un **o** ou un **u**) + terminaisons du subjonctif **-e, -est, -e, en, -et, -en** et **-en** – par exemple, **gehen** (*aller*), qui fait **ich ging** au prétérit, devient **ich ginge** (*j'irais*) et **wissen** (*savoir*), qui fait **ich wusste** au prétérit, devient **ich wüsste**.
- Pour les verbes faibles, le présent du subjonctif II est identique au prétérit de l'indicatif (on utilise les mêmes terminaisons que le prétérit) – par exemple, **kaufen** (*acheter*) devient **ich kaufte** (*j'achèterais*).

Employer le présent du subjonctif II

Dans l'allemand de tous les jours, vous pouvez utiliser cet outil multitâche pour exprimer une variété de situations contraires aux faits. Observez les usages principaux du présent du subjonctif II décrits ci-dessous.

Décrire une hypothèse ou un souhait

Quand vous voulez exprimer une hypothèse ou un souhait qui ne peut être exaucé, vous imaginez souvent un scénario. L'allemand utilise le subjonctif II dans de telles situations :

Wenn ich nur etwas mehr Zeit hätte! (*Si seulement j'avais un peu plus de temps !*) Vous n'avez pas beaucoup de temps, et vous souhaiteriez en avoir davantage. **Hätte** est la forme de **haben** (*avoir*) au subjonctif II.

Ich wollte, ich hätte mehr Geschwister. (*J'aurais voulu avoir plus de frères et sœurs.* Mot à mot, *Je voudrais, j'aurais plus de frères et sœurs.*) Cette phrase contient deux subjonctifs, **wollte** et **hätte.**

Décrire une condition

On utilise le subjonctif II pour parler d'une condition qui est contraire aux faits – par exemple, quand on considère ce que l'on ferait (ou l'on ne ferait pas) si quelque chose qui n'est pas vrai actuellement était vrai. Regardez ces exemples :

Wenn du kein Affe wärest, würde ich dich heiraten. (*Si tu n'étais pas un singe, je t'épouserais*. Mot à mot, *Si tu ne serais pas un singe, je t'épouserais.*) Les verbes **wärest** et **würde** + **heiraten** sont tous les deux au subjonctif en allemand.

Wenn ich Zeit hätte, würde ich den Roman lesen. (*Si j'avais le temps, je lirais ce roman.*) Les deux verbes **hätte** et **würde** + **lesen** sont au subjonctif en allemand.

Formuler une requête polie

On utilise le subjonctif II pour exprimer une demande polie – par exemple, quand on a faim et que l'on aimerait avoir quelque chose à manger :

Könnte ich noch ein Stück Fleisch nehmen? (*Pourrais-je prendre un autre morceau de viande ?*) **Könnte** est le subjonctif II du verbe **können** (*pouvoir*) et en l'utilisant, votre requête est polie.

Ich möchte die Speisekarte, bitte. (*J'aimerais le menu, s'il vous plaît.*) Le subjonctif **Ich möchte** est la manière polie de demander quelque chose, de commander de la nourriture, de choisir un objet dans un magasin, etc.

Exprimer vos sentiments et/ou votre opinion

Quand on donne son sentiment ou que l'on exprime son opinion sur quelque chose, on utilise souvent le subjonctif II en allemand :

Das wäre prima! (*Ça serait super !*) Votre réponse enthousiaste à la proposition de quelqu'un est au subjonctif : **wäre** (*serait*).

Wir sollten diese Wurst probieren. (*Nous devrions essayer cette saucisse.*) Si vous pensez que quelque chose serait une bonne idée, vous utilisez le subjonctif II. Ici, le subjonctif II est **sollten** (*devrions*) + l'infinitif **probieren** (*essayer*).

Émettre des hypothèses avec le passé du subjonctif II

Le passé du subjonctif II concerne des actions passées et des événements qui auraient pu se produire dans le passé. Vous pouvez simplement retenir que le passé du subjonctif II se forme ainsi :

- Présent du subjonctif de **haben** = **hätte** + participé passé **(geholfen)** = **hätte (geholfen)**.
- Présent du subjonctif de **sein** = **wäre** + participe passé **(gegangen)** = **wäre (gegangen)**.

Les terminaisons du présent du subjonctif sont toujours les mêmes (dans ce cas, vous les ajoutez à **hätt-** et **wär-**) : **-e, -est, -e, -en, -et, -en, -en.**

Vous pouvez utiliser trois formes verbales différentes pour le passé à l'indicatif, mais il n'y en a qu'une pour le subjonctif II. Regardez ces exemples :

- **Er hätte uns geholfen.** (*Il nous aurait aidés.*) Ce passé du subjonctif correspond aux trois phrases suivantes qui se déroulent dans le passé à l'indicatif :
  - **Er hat uns geholfen.** (*Il nous a aidés.*)
  - **Er half uns.** (*Il nous aida/Il nous aidait.*)
  - **Er hatte uns geholfen.** (*Il nous avait aidés.*)
- **Sie wäre gegangen.** (*Elle serait partie.*) Ce passé du subjonctif II correspond à trois phrases au passé à l'indicatif :
  - **Sie ist gegangen.** (*Elle est partie.*)
  - **Sie ging.** (*Elle partit/Elle partait.*)
  - **Sie war gegangen.** (*Elle était partie.*)

Il est important d'apprendre comment utiliser les verbes de modalité au passé du subjonctif II, et de savoir jongler avec les « doubles infinitifs ». Cette fois, l'infinitif du verbe vient dans un double pack, et un des verbes est un verbe de modalité – **dürfen, können, mögen, müssen, sollen** ou **wollen.** L'intérêt d'ajouter le verbe de modalité à un autre verbe est d'exprimer ce que vous *auriez dû faire* (**hätten machen müssen**), *auriez pu faire* (**hätten machen können**), etc.

ASTUCE

Pour bien exprimer vos idées au passé du subjonctif II, essayez de changer des actions passées qui étaient des faits en une situation hypothétique ; en d'autres mots, commencez par une phrase qui décrit quelque chose qui s'est ou ne s'est pas produit (c'est le mode de l'indicatif). Écrivez-la en allemand – par exemple, **Ich habe eine Katze gehabt** (*J'ai eu un chat*). Maintenant, imaginez que vous n'avez pas eu de chat, mais que vous en *auriez eu* un si vos parents n'avaient pas été allergiques. Changez le verbe qui correspond à un fait (*ai eu*) en un passé du subjonctif (*aurais eu*) en changeant **habe** en **hätte.** Désormais, vous avez **Ich hätte eine Katze gehabt** (*J'aurais eu un chat*).

N'OUBLIEZ PAS

Cette construction combine le présent du subjonctif II **hätte** avec un verbe de modalité et un verbe principal. Le verbe de modalité et l'infinitif du verbe principal sont tous les deux à la fin de la phrase, avec le verbe de modalité en dernière position. Observez ces deux phrases d'exemples :

Ich hätte eine längere Reise machen können. (*J'aurais pu faire un voyage plus long.*) L'ordre des mots suit la procédure standard, avec le verbe conjugué **hätte** en deuxième position dans la phrase. Le verbe **machen** précède le verbe de modalité **können** à la fin de la phrase.

Er hätte früher nach Hause fahren sollen. (*Il aurait dû rentrer plus tôt à la maison.*) L'ordre des mots suit la procédure standard, avec le verbe conjugué **hätte** en deuxième position dans la phrase. Le verbe principal **fahren** et le verbe de modalité **sollen** sont rejetés en fin de la phrase.

Employer le subjonctif I dans le discours indirect

Une autre formule pour décrire le *discours indirect* est le *discours rapporté*. C'est le genre d'information que vous lisez dans un journal ou dans un livre lorsque quelqu'un écrit quelque chose que quelqu'un d'autre a dit, mais que ce n'est pas entre guillemets. Les journalistes utilisent cette méthode d'écriture pour éviter de citer quelqu'un directement. Le discours indirect libère le rédacteur de la responsabilité de la justesse de la citation (mot à mot).

Remarque : en allemand, cette forme du subjonctif se rencontre essentiellement à la troisième personne du singulier : **er** (*il*), **sie** (*elle*), **es** (*il/elle*) ou au pluriel **sie** (*ils/elles*).

Dans les sections suivantes, je vous montre comment se forment le présent et le passé du subjonctif I dans le discours indirect.

Conjuguer le présent du subjonctif I

Quand on lit un journal ou un magazine allemand, on rencontre le présent du subjonctif I quand le rédacteur veut rapporter les déclarations de quelqu'un d'autre. L'information – une citation indirecte – peut être une opinion, un fait, un projet, etc., comme dans **Sie meinte, er habe nicht genug Zeit** (*Elle pensait* [qu']*il n'avait pas assez de temps*). On utilise toujours une virgule pour séparer les deux propositions (la déclaration rapportée et la personne qui donne l'information).

On forme le présent du subjonctif I en prenant le radical du verbe à l'infinitif et en ajoutant les terminaisons du subjonctif : **-e, -est, -e, -en, -et, -en** et **-en.** Tous les verbes suivent ce modèle, à une exception près : **sein** (*être*). Regardez le tableau de conjugaison de **gehen** (*aller, marcher*), en faisant spécialement attention aux formes de la troisième personne, fréquemment utilisée. Le radical de l'infinitif est **geh-**. Les terminaisons sont indiquées en gras.

gehen (*présent du subjonctif I*)	
ich geh**e**	wir geh**en**
du geh**est**	ihr geh**et**
er/sie/es geh**e**	sie geh**en**
Sie geh**en**	
Er sagte, er **gehe** nicht. (*Il a dit qu'il n'irait pas.*)	

Le seul verbe irrégulier au présent du subjonctif I est le verbe **sein :**

sein (*présent du subjonctif I*)	
ich **sei**	wir **seien**
du **seist**	ihr **seiet**
er/sie/es **sei**	sie **seien**
Sie **seien**	
Sie sagte, es **sei** zu früh. (*Elle a dit qu'il était trop tôt.*)	

Remarque : au discours indirect en français, les journalistes utilisent souvent le passé pour décrire des événements rapportés, qui étaient au présent quand ils ont été énoncés. C'est pourquoi on emploie l'imparfait dans la traduction en français.

Regardez ces exemples au présent du subjonctif I :

> **Sie sagte, sie habe einen neuen Freund.** (*Elle a dit qu'elle avait un nouveau copain.*) **Habe** est la forme du présent du subjonctif I de **haben.** Bien qu'en français, on dise *Elle a dit qu'elle avait…*, l'information a (généralement) la valeur du présent.
>
> **Der Rechtsanwalt sagte, er werde das Problem lösen.** (*L'avocat a dit qu'il résoudrait le problème.*) **Werde** est la forme du présent du subjonctif I de **werden.** Cette phrase exprime un événement futur en utilisant **werde + lösen.**

Conjuguer le passé du subjonctif I

Le passé du subjonctif I est le subjonctif que l'on trouve dans la presse pour rapporter des propos tenus sur des événements qui ont déjà eu lieu. Quelqu'un relate les propos de quelqu'un d'autre à propos d'un événement passé. L'allemand utilise le passé de ce subjonctif pour décrire les trois temps du passé : le prétérit, le passé composé et le plus-que-parfait.

On forme le passé du subjonctif I en utilisant la forme conjuguée appropriée du présent du subjonctif de **haben** (*avoir*) ou de **sein** (*être*) et en ajoutant le participe passé (pour davantage d'informations sur le participe passé, voir le chapitre 7). Tous les verbes suivent ce modèle. Regardez la conjugaison du passé du subjonctif I du verbe **wohnen** (*habiter, vivre*), qui a comme auxiliaire le verbe **haben.**

wohnen (*passé du subjonctif I*)	
ich **habe gewohnt**	wir **haben gewohnt**
du **habest gewohnt**	ihr **habet gewohnt**
er/sie/es **habe gewohnt**	sie **haben gewohnt**
Sie **haben gewohnt**	
Sie sagte, sie **habe** in einer kleinen Wohnung **gewohnt**. (*Elle a dit qu'elle avait vécu dans un petit appartement.*)	

Regardez la conjugaison du passé du subjonctif I de **gehen,** qui a comme auxiliaire le verbe **sein.**

gehen (*passé du subjonctif I*)	
ich **sei gegangen**	wir **seien gegangen**
du **seist gegangen**	ihr **seiet gegangen**
er/sie/es **sei gegangen**	sie **seien gegangen**
Sie **seien gegangen**	
Er sagte, er **sei** in die Stadt **gegangen**. (*Il a dit qu'il était allé en ville.*)	

Observez ces exemples du passé du subjonctif I. Son emploi le plus courant est le discours indirect, pour rapporter les paroles de quelqu'un :

> **Er sagte, er habe letzte Woche Golf gespielt.** (*Il a dit qu'il avait joué au golf la semaine dernière.*) Pour former le passé du subjonctif I, on associe **habe,** la forme de **haben** au présent du subjonctif I, avec **gespielt**, le participe passé de **spielen : habe gespielt.**
>
> **Die Bundeskanzlerin sagte, sie sei nicht mit dem Verteidigungsminister geflogen.** (*La chancelière a dit qu'elle n'avait pas pris l'avion avec le ministre de la Défense.*) Pour former le passé du subjonctif I, on associe **sei,** la forme du **sein** au présent du subjonctif I, avec **geflogen**, le participe passé de **fliegen : sei geflogen.**

Chapitre 10

Dix choses à savoir pour bien employer les verbes

Dans ce chapitre :

- Ne pas confondre des verbes qui se ressemblent
- Éviter les erreurs courantes

Ce chapitre attire votre attention sur quelques pièges en allemand : des verbes allemands qui se ressemblent mais qu'il ne faut pas confondre, des verbes allemands qui ressemblent à des verbes français, mais qui n'ont pas du tout le même sens, des verbes français qui se traduisent par des verbes allemands différents en fonction du contexte, des tournures différentes en français et en allemand.

Demonstrieren et démontrer

Non, les personnes qui sont en train de **demonstrieren** ne font pas des démonstrations mathématiques. Elles sont en train de *manifester* ! Soyez vigilant : **demonstrieren** signifie *manifester*, alors que *démontrer* se dit **beweisen**.

Hunderte demonstrierten für Reform des Wahlrechts. (*Des centaines de personnes ont manifesté pour une réforme du droit de vote.*)

Er hat bewiesen, dass es korrekt war. (*Il a démontré que c'était exact.*)

Essen et fressen : manger

Les verbes **essen** et **fressen** signifient tous deux *manger*. Lorsque vous décrivez l'action des humains qui ingèrent de la nourriture, vous utilisez **essen.**

Ich esse gern Pommes frites. (*J'aime manger des frites.*)

Fressen n'est utilisé que pour les animaux, ou bien si vous voulez parler des habitudes alimentaires de quelqu'un de façon négative.

Kühe fressen Gras. (*Les vaches mangent de l'herbe.*)

Fresst doch nicht so viel! (*Ne mange pas autant !*)

Gewinnen et verdienen : gagner

Les verbes **gewinnen** et **verdienen** signifient tous les deux *gagner* mais ils s'emploient dans des contextes très différents. Le verbe **gewinnen** s'emploie pour les jeux, les paris, la loterie, les compétitions sportives :

Sie hat im Lotto 10.000 Euro gewonnen. (*Elle a gagné 10 000 euros au Loto.*)

Wer hat das Spiel gewonnen? (*Qui a gagné le match ?*)

Le verbe **verdienen** s'utilise quand il s'agit du salaire.

Wie viel verdient er pro Monat? (*Combien gagne-t-il par mois ?*)

Sie verdient gut. (*Elle gagne bien sa vie.*)

Gehen, fahren, fliegen : aller

Attention de ne pas utiliser **gehen** à mauvais escient ! **Gehen** signifie *aller*, mais ce n'est pas forcément ce verbe qu'il faut choisir pour indiquer un déplacement en allemand, dès lors qu'on utilise autre chose que ses pieds pour se mouvoir :

Wir sind nach Berlin gegangen. (*Nous sommes allés à Berlin* [sous entendu, à pied].)

Si vous avez utilisé une voiture, un train, un bus, un vélo, une trottinette, des rollers, etc., employez le verbe **fahren :**

Wir sind nach Berlin gefahren. (*Nous sommes allés à Berlin* [sous-entendu, à l'aide d'un véhicule].)

Dans le cas où votre trajet s'est effectué en avion, planeur, montgolfière, ULM ou deltaplane, le verbe qui convient est **fliegen :**

Wir sind nach Berlin geflogen. (*Nous sommes allés à Berlin* [sous entendu, par la voie des airs].)

Heiß und kalt : mir ist heiß, mir ist kalt (j'ai chaud, j'ai froid)

Pour décrire ce que vous ressentez en fonction de la température de l'air, vous dites :

Mir ist heiß. (*J'ai chaud.* [Littéralement, *à moi est chaud.*])

Mir ist kalt. (*J'ai froid.* [Littéralement, *à moi est froid.*])

Méfiez-vous, et ne dites pas **Ich bin heiß** ou **Ich bin kalt**. Ces expressions signifient que vous êtes en chaleur ou que vous êtes quelqu'un de froid : ce qui n'est probablement pas ce que vous vouliez dire…

Kennen, wissen et können : connaître et savoir

Le verbe allemand pour dire que l'on connaît quelqu'un est **kennen.**

Ich kenne ihn/sie/sie. (*Je le connais./ Je la connais./ Je les connais.*)

Lorsqu'il s'agit de la connaissance de faits, on utilise le verbe **wissen.**

Wissen Sie, wie viel Uhr es ist? (*Savez-vous quelle heure il est ?*)

– Ich weiss es nicht. (*– Je ne sais pas.*)

Pour exprimer une compétence, un savoir-faire acquis avec de l'entraînement, on utilise le verbe **können**.

Ich kann schwimmen. (*Je sais nager.*)

Er kann Guitarre spielen. (*Il sait jouer de la guitare.*)

Lernen et lehren : apprendre et enseigner

Lernen signifie *apprendre* ou *étudier*. **Lehren** signifie *enseigner.*

Die Kinder haben nichts in der letzten Schulwoche gelernt. (*Les enfants n'ont rien appris à l'école la semaine dernière.*)

Ich lernte bei der Firma Hirschmann. (*J'ai été formé dans la société Hirschman.*)

Er lehrt Linguistik an der Universitat. (*Il enseigne la linguistique à l'université.*)

Machen et tun : faire

Les verbes **machen** et **tun** signifient tous les deux *faire* et sont souvent intercheangeables, comme dans les deux exemples suivants :

Was machst du denn hier?/Was tust du denn hier? (*Qu'est-ce que tu fais ici ?*)

Was sollen wir tun?/Was sollen wir machen? (*Qu'est-ce qu'on doit faire ?*)

Ils ont également d'autres sens, en fonction de la manière dont ils sont employés dans la phrase. Le verbe **machen** se rencontre dans de nombreuses expressions, notamment :

Mach's gut! (*Prends soin de toi !*)

Was macht die Arbeit? (*Ça va, le boulot ?*)

Mach schon! (*Dépêche-toi !*)

Der Wind macht mir nichts. (*Le vent ne me dérange pas.*)

Das macht nichts. (*Ça ne fait rien.*)

Was machen Sie beruflich? (*Que faites-vous dans la vie ?*)

Der Tisch ist aus Holz gemacht. (*La table est en bois.*)

Dans les expressions ci-dessus, les verbes **machen** et **tun** ne sont pas interchangeables : on ne peut pas employer le verbe **tun** à la place du verbe **machen.** De même, dans les expressions suivantes, on ne peut pas employer le verbe **machen** à la place du verbe **tun :**

Das hat nichts mit ihr zu tun. (*Ça n'a rien à voir avec elle.*)

Es tut mir leid. (*Je suis désolé[e].*)

Sie hat es mit dem Herz zu tun. (*Ça a un rapport avec son cœur.*)

Er tut nur so. (*C'est ce qu'il prétend.*)

Wiederholen et proben : répéter

Si vous voulez demander à votre interlocuteur de répéter quelque chose que vous n'avez pas entendu ou pas compris, vous direz :

Könnten Sie bitte den Satz wiederholen? (*Pourriez-vous répéter la phrase, s'il vous plaît ?*)

Le verbe **proben** s'emploie essentiellement pour les répétitions théâtrales.

Wir proben jeden Samstag im Juni. (*Nous répétons tous les samedis en juin.*)

Zahlen et zählen : payer et compter

À l'oral, le son de la voyelle les distingue. À l'écrit, la seule différence entre les deux verbes **zahlen** et **zählen** est le tréma. Attention à ne pas les confondre. **Zahlen** signifie *payer* et **zählen** signifie *compter.*

Zahlen, bitte! (*L'addition, s'il vous plaît !* [Littéralement : *payer, s'il vous plaît.*]) C'est la formule consacrée pour demander l'addition dans un restaurant ou un café.

Sind alle Kinder hier? Zählen wir sie. (*Tous les enfants sont-ils là ? Comptons-les.*)

Annexe

Tableaux de conjugaison

Dans cette annexe, les conjugaisons des différents verbes sont présentées sous forme de tableaux. L'ordre adopté pour les pronoms personnels sujets est le suivant : de la première du singulier à la troisième personne du singulier, puis de la première personne du pluriel à la troisième personne du pluriel, et enfin, la formule de politesse (singulier ou pluriel), c'est-à-dire **ich, du, er/sie/es, wir, ihr, sie** et **Sie.** Pour l'impératif (utilisé pour les suggestions et les ordres), les personnes sont **du, ihr** et **Sie.** Vous trouverez également une liste avec les verbes forts et les verbes faibles irréguliers les plus fréquents.

Conjuguer les verbes au présent et au prétérit

On conjugue les verbes au présent et au prétérit en associant le radical qui convient et la terminaison du verbe. Les terminaisons sont listées dans le tableau A-1. Voici les modèles :

- **Présent de la plupart des verbes et prétérit des verbes réguliers faibles :** on part du radical (infinitif moins la terminaison **-en**) et on ajoute la terminaison appropriée du tableau A-1.
- **Prétérit des verbes faibles irréguliers et des verbes forts :** on part de du radical du verbe au prétérit et on ajoute la terminaison appropriée du tableau A-1.

Tableau A-1 : Les terminaisons des verbes au présent et au prétérit

Pronom sujet	*Présent : la plupart des verbes*	*Présent : radical qui se termine en -d, -t, -fn, -gn*	*Prétérit : verbes faibles (réguliers et irréguliers)*	*Prétérit : verbes faibles, radical qui se termine en -d, -t, -fn, -gn*	*Prétérit : verbes forts*
ich	-e	-e	-te	-ete	-
du	-st	-est	-test	-etest	-st
er/sie/es	-t	-et	-te	-ete	-
wir	-en	-en	-ten	-eten	-en
ihr	-t	-et	-tet	-etet	-t
sie	-en	-en	-ten	-eten	-en
Sie	-en	-en	-ten	-eten	-en

Conjuguer les verbes au passé composé, au futur et au subjonctif II

Les sections suivantes vous montrent comment conjuguer les verbes, afin que vous puissiez les utiliser à l'écrit ou à l'oral.

Passé composé

Pour former le passé composé, on conjugue le présent de l'auxiliaire **haben** (*avoir*) ou **sein** (*être*) puis on ajoute le participe passé. Par exemple, **ich habe gesehen** (*j'ai vu*) et **ich bin gegangen** (*je suis allé[e]*).

Pour former le participe passé de la plupart des verbes faibles, on prend le préfixe **ge-,** on l'ajoute à gauche du radical du verbe (obtenu en enlevant la terminaison **-en** de l'infinitif) et on ajoute un **-t** à la fin. Par exemple, pour le verbe **wohnen** (*habiter*) : **ge-** + **wohn-** + **-t** = **gewohnt** (*habité*). Pour les verbes dont le radical se termine par **-d, -t, -fn** ou **-gn**, on ajoute un **-e** avant le **-t** final, pour des raisons de prononciation. Par exemple, pour le verbe **arbeiten** (*travailler*) : **ge-** + **arbeit-** + **-e** + **-t** = **gearbeitet** (*travaillé*).

Pour former le participe passé des verbes faibles irréguliers, on utilise le radical du verbe au prétérit : préfixe **ge-** + radical du verbe au prétérit + **-t.** Par exemple, **brennen** (*brûler*) → **gebrannt** (*brûlé*).

Le participe passé de la plupart des verbes forts commence par le préfixe **ge-** et se termine par **-en.** De nombreux participes passés de verbes forts ont un changement de voyelle ; certains ont à la fois un changement de voyelle et de consonne. Par exemple, **sehen** (*voir*) → **gesehen** (*vu*) n'a pas de changement de voyelle ; **finden** (*trouver*) → **gefunden** (*trouvé*) a un changement de voyelle ; et **sitzen** (*être assis*) → **gesessen** (été assis) a à la fois un changement de voyelle et de consonne. Le tableau A-2, à la fin de ce chapitre, indique les participes passés des verbes forts.

N'OUBLIEZ PAS

Certains verbes (qu'ils soient faibles ou forts) n'ont pas de préfixe **ge-** au participe passé. Parmi ces verbes, on en trouve dont l'infinitif se termine par **-ieren,** tels que **informieren** (*informer*) → **informiert** (*informé*) et **telefonieren** (*téléphoner*) → **telefoniert** (*téléphoné*). Les verbes à préfixe inséparable n'ont pas non plus de préfixe **ge-** au participe passé, comme **bekommen** (*obtenir, avoir*) → **bekommen** (*obtenu, eu*), **gehören** (*appartenir*) → **gehört** (*appartenu*) et **vergessen** (*oublier*) → **vergessen** (*oublié*).

Les participes passés de certains verbes irréguliers, comme les auxiliaires, peuvent avoir des terminaisons différentes. Ces terminaisons sont présentées à part, dans les tableaux correspondants de cette annexe.

Futur

Pour le futur, il suffit de conjuguer l'auxiliaire **werden** au présent – **werde, wirst, wird, werden, werdet, werden, werden** – et d'ajouter l'infinitif du verbe que l'on veut mettre au futur. Exemple : **Ich werde kommen** (*Je viendrai*).

Subjonctif II

Dans la plupart des cas, pour le présent du subjonctif II, on conjugue l'auxiliaire **werden** au subjonctif II – **würde,**

würdest, würde, würden, würdet, würden, würden – et on ajoute l'infinitif du verbe que l'on veut mettre au subjonctif II. Exemple : **Ich würde leben** (*Je vivrais*).

Verbes faibles

Verbes réguliers (sans modification du radical au prétérit)

wohnen (vivre, habiter)

Radical du présent : wohn-

Prétérit (1re/3e personne du singulier) : wohn**te**

Participe passé : gewohnt ; auxiliaire : haben

Présent de l'indicatif : wohn**e**, wohn**st**, wohn**t**, wohn**en**, wohn**t**, wohn**en**, wohn**en**

Prétérit : wohn**te**, wohn**test**, wohn**te**, wohn**ten**, wohn**tet**, wohn**ten**, wohn**ten**

Impératif : wohn/wohne, wohnt, wohnen Sie

Présent du subjonctif II : würde wohnen

Les verbes suivants se conjuguent sur le même modèle : **brauchen** (*avoir besoin de*), **feiern** (*célébrer, fêter*), **glauben** (*croire*), **hören** (*entendre*), **kaufen** (*acheter*), **lachen** (*rire*), **lernen** (*apprendre*), **machen** (*faire*), **sagen** (*dire*) et **spielen** (*jouer*).

Verbes réguliers (dont le radical se termine en -d, -t, -fn ou -gn)

arbeiten (travailler)

Radical du présent : arbeit-

Prétérit (1re/3e personne du singulier) : arbeit**ete**

Participe passé : gearbeitet ; auxiliaire : haben

Présent : arbeit**e**, arbeit**est**, arbeit**et**, arbeit**en**, arbeit**et**, arbeit**en**, arbeit**en**

Prétérit : arbeit**ete**, arbeit**etest**, arbeit**ete**, arbeit**eten**, arbeit**etet**, arbeit**eten**, arbeit**eten**

Impératif : arbeite, arbeitet, arbeiten Sie

Présent du subjonctif II : würde arbeiten

Voici d'autres verbes de ce type : **kosten** (*coûter*), **öffnen** (*ouvrir*), **reden** (*parler*), **regnen** (*pleuvoir*) et **warten** (*attendre*).

Verbes faibles irréguliers (avec modification du radical au prétérit)

denken (penser)

Radical du présent : denk-

Prétérit (1re/3e personne du singulier) : dach**te**

Participe passé : gedacht ; auxiliaire : haben

Présent : denk**e**, denk**st**, denk**t**, denk**en**, denk**t**, denk**en**, denk**en**

Prétérit : dach**te**, dach**test**, dach**te**, dach**ten**, dach**tet**, dach**ten**, dach**ten**

Impératif : denk/denke, denkt, denken Sie

Présent du subjonctif II : würde denken

D'autres verbes de ce type, comme **kennen** (*connaître*) et **bringen** (*apporter*), sont listés dans le tableau A-2, à la fin de l'annexe.

Verbes forts

Verbes qui se conjuguent avec l'auxiliaire haben

trinken (boire)

Radical du présent : trink-

Prétérit (1re/3e personne du singulier) : trank

Participe passé : getrunken ; auxiliaire : haben

Présent : trink**e**, trink**st**, trink**t**, trink**en**, trink**t**, trink**en**, trink**en**

Prétérit : trank, trank**st**, trank, trank**en**, trank**t**, trank**en**, trank**en**

Impératif : trink/trinke, trinkt, trinken Sie

Présent du subjonctif II : würde trinken

D'autres verbes de ce type sont listés dans le tableau A-2.

Verbes qui se conjuguent avec l'auxiliaire sein

kommen (venir)

Radical du présent : komm-

Prétérit (1re/3e personne du singulier) : kam

Participe passé : gekommen ; auxiliaire : sein

Présent : komm**e**, komm**st**, komm**t**, komm**en**, komm**t**, komm**en**, komm**en**

Prétérit : kam, kam**st**, kam, kam**en**, kam**t**, kam**en**, kam**en**

Impératif : komm/komme, kommt, kommen Sie

Présent du subjonctif II : würde kommen

D'autres verbes de ce type sont listés dans le tableau A-2.

Verbes avec changement de voyelle à la 2e et à la 3e personne du singulier

lesen (lire)

Radical du présent : les-

Changement de voyelle au présent à la 2e et à la 3e personne du singulier : liest

Prétérit (1re/3e personne du singulier) : las

Participe passé : gelesen ; auxiliaire : haben

Présent : les**e**, l**iest**, l**iest**, les**en**, les**t**, les**en**, les**en**

Prétérit : las, las**est**, las, las**en**, las**t**, las**en**, las**en**

Impératif : lies, lest, lesen Sie

Présent du subjonctif II : würde lesen

D'autres verbes de ce type sont listés dans le tableau A-2.

Verbes à préfixe séparable

mitbringen (apporter)

Radical du présent : bring- mit

Prétérit (1re/3e personne du singulier) : brach**te** mit

Participe passé : mitgebracht ; auxiliaire : haben

Présent : bring**e** mit, bring**st** mit, bring**t** mit, bring**en** mit, bring**t** mit, bring**en** mit, bring**en** mit

Prétérit : brach**te** mit, brach**test** mit, brach**te** mit, brach**ten** mit, brach**tet** mit, brach**ten** mit, brach**ten** mit

Impératif : bringe mit, bringt mit, bringen Sie mit

Présent du subjonctif II : würde mitbringen

D'autres verbes de ce type sont **anhaben** (*porter* [des habits]), **anrufen** (*appeler*), **fernsehen** (*regarder la télévision*) et **vorhaben** (*prévoir, planifier*).

Verbes à préfixe inséparable (sans préfixe ge- au participe passé)

Verbes faibles avec participe passé se terminant en -t

bezahlen (payer)

Radical du présent : bezahl-

Prétérit (1re/3e personne du singulier) : bezahl**te**

Participe passé : bezahlt ; auxiliaire : haben

Présent : bezahl**e**, bezahl**st**, bezahl**t**, bezahl**en**, bezahl**t**, bezahl**en**, bezahl**en**

Prétérit : bezahl**te**, bezahl**test**, bezahl**te**, bezahl**ten**, bezahl**tet**, bezahl**ten**, bezahl**ten**

Impératif : bezahle, bezahlt, bezahlen Sie

Présent du subjonctif : würde bezahlen

D'autres verbes de ce type sont **beantworten** (*répondre*), **besuchen** (*rendre visite à*), **erklären** (*expliquer*), **gehören** (*appartenir*) et **versuchen** (*essayer*).

Verbes forts avec participe passé se terminant en -en

gefallen (plaire à)

Radical du présent : gefall-

Changement de voyelle au présent à la 2e et à la 3e personne du singulier : gefäll-

Prétérit (1re/3e personne du singulier) : gefiel

Participe passé : gefallen ; auxiliaire : haben

Présent : gefall**e**, gefäll**st**, gefäll**t**, gefall**en**, gefall**t**, gefall**en**, gefall**en**

Prétérit : gefiel, gefiel**st**, gefiel, gefiel**en**, gefiel**t**, gefiel**en**, gefiel**en**

Impératif : gefall/gefalle, gefallt, gefallen Sie

Présent du subjonctif II : würde gefallen

D'autres verbes de ce type sont listés dans le tableau A-2.

Auxiliaires haben, sein et werden

haben (avoir)

Présent (et auxiliaire pour les verbes qui utilisent **haben** au passé composé) : hab**e**, hast, hat, hab**en**, hab**t**, hab**en**, hab**en**

Prétérit : hat**te**, hat**test**, hat**te**, hat**ten**, hat**tet**, hat**ten**, hat**ten**

Participe passé : gehabt ; auxiliaire : haben

Impératif : hab/habe, habt, haben Sie

Présent du subjonctif II (comme le prétérit, mais avec un tréma) : hätte, hättest, hätte, hätten, hättet, hätten, hätten

sein (être)

Présent (et auxiliaire pour les verbes qui utilisent **sein** au passé composé) : bin, bist, ist, sind, seid, sind, sind

Prétérit : war, war**st**, war, war**en**, war**t**, war**en**, war**en**

Participe passé : gewesen ; auxiliaire : sein

Impératif : sei, seid, seien Sie

Présent du subjonctif II : wäre, wärest, wäre, wären, wäret, wären, wären

werden (devenir + auxiliaire du futur et du subjonctif)

Présent : werde, wirst, wird, werden, werdet, werden, werden

Prétérit : wurd**e,** wurd**est,** wurd**e,** wurd**en,** wurd**et,** wurd**en,** wurd**en**

Participe passé : geworden ; auxiliaire : sein

Impératif : werde, werdet, werden Sie

Présent du subjonctif II (comme le prétérit, mais avec un tréma) : würde, würdest, würde, würden, würdet, würden, würden

Remarque : Au présent, **werden** sert d'auxiliaire pour former le futur et au présent du subjonctif, **werden** sert d'auxiliaire à de nombreux verbes pour former le présent du subjonctif.

Verbes de modalité

dürfen (avoir l'autorisation de)

Présent : darf, darf**st**, darf, dürf**en**, dürf**t**, dürf**en**, dürf**en**

Prétérit : durf**te**, durf**test**, durf**te**, durf**ten**, durf**tet**, durf**ten**, durf**ten**

Participe passé : gedurft ; auxiliaire : haben

Présent du subjonctif II (comme le prétérit, mais avec un tréma) : dürf**te**

können (pouvoir, savoir [comment faire quelque chose])

Présent : kann, kann**st**, kann, könn**en**, könn**t**, könn**en**, könn**en**

Prétérit : konn**te**, konn**test**, konn**te**, konn**ten**, konn**tet**, konn**ten**, konn**ten**

Participe passé : gekonnt ; auxiliaire : haben

Présent du subjonctif II (comme le prétérit, mais avec un tréma) : könn**te**

mögen (aimer)

Présent : mag, mag**st**, mag, mög**en**, mög**t**, mög**en**, mög**en**

Prétérit : moch**te**, moch**test**, moch**te**, moch**ten**, moch**tet**, moch**ten**, moch**te**

Participe passé : gemocht ; auxiliaire : haben

Présent du subjonctif II (comme le prétérit, mais avec un tréma) : möch**te**

müssen (devoir, être obligé de)

Présent : muss, muss**t,** muss, müss**en,** müss**t,** müss**en,** müss**en**

Prétérit : muss**te,** muss**test,** muss**te,** muss**ten,** muss**tet,** muss**ten,** muss**ten**

Participe passé : gemusst ; auxiliaire : haben

Présent du subjonctif II (comme le prétérit, mais avec un tréma) : müss**te**

sollen (devoir [obligation morale])

Présent : soll, soll**st,** soll, soll**en,** soll**t,** soll**en,** soll**en**

Prétérit : soll**te,** soll**test,** soll**te,** soll**ten,** soll**tet,** soll**ten,** soll**ten**

Participe passé : gesollt ; auxiliaire : haben

Présent du subjonctif II (comme le prétérit) : soll**te**

wollen (vouloir)

Présent : will, will**st,** will, woll**en,** woll**t,** woll**en,** woll**en**

Prétérit : woll**te,** woll**test,** woll**te,** woll**ten,** woll**tet,** woll**ten,** woll**ten**

Participe passé : gewollt ; auxiliaire : haben

Présent du subjonctif II (comme le prétérit) : woll**te**

Présent, prétérit et participe passé des verbes forts et des verbes faibles irréguliers

Le tableau A-2 contient les verbes forts et les verbes faibles irréguliers les plus fréquents, les verbes de modalité et les auxiliaires, ainsi que les verbes à particule séparable fréquents dont le verbe sans particule n'est pas listé. Les participes passés qui s'emploient avec l'auxiliaire **sein** sont indiqués ; les autres utilisent l'auxiliaire **haben.**

Tableau A-2 : Les verbes forts et verbes faibles irréguliers

Infinitif	*Changement de voyelle du radical au présent (3e personne du singulier)*	*Prétérit*	*Participe passé*	*Traduction française*
anfangen	fängt an	fing an	angefangen	*commencer*
anrufen		rief an	angerufen	*appeler, téléphoner à*
beginnen		begann	begonnen	*commencer*
bekommen		bekam	bekommen	*obtenir, recevoir*
bleiben		blieb	ist geblieben	*rester*
brechen	bricht	brach	gebrochen	*casser*
bringen		brachte	gebracht	*apporter*
denken		dachte	gedacht	*penser*
dürfen	darf	durfte	gedurft	*avoir l'autorisation de*
einladen	lädt ein	lud ein	eingeladen	*inviter*
empfehlen	empfiehlt	empfahl	empfohlen	*recommander*
entscheiden		entschied	entschieden	*décider*
essen	isst	aß	gegessen	*manger*
fahren	fährt	fuhr	ist gefahren	*aller (en véhicule)*
fallen	fällt	fiel	ist gefallen	*tomber*
finden		fand	gefunden	*trouver*
fliegen		flog	ist geflogen	*voler*
geben	gibt	gab	gegeben	*donner*
gefallen	gefällt	gefiel	gefallen	*aimer, plaire à*
gehen		ging	ist gegangen	*aller (à pied)*
gewinnen		gewann	gewonnen	*gagner*
haben	hat	hatte	gehabt	*avoir*
halten	hält	hielt	gehalten	*tenir*
heißen		hieß	geheißen	*s'appeler*
helfen	hilft	half	geholfen	*aider*
kennen		kannte	gekannt	*connaître*
kommen		kam	ist gekommen	*venir*
können	kann	konnte	gekonnt	*pouvoir, être capable de*
lassen	lässt	ließ	gelassen	*laisser*
laufen	läuft	lief	ist gelaufen	*courir*
lesen	liest	las	gelesen	*lire*
liegen		lag	gelegen	*se trouver*

Infinitif	*Changement de voyelle du radical au présent (3e personne du singulier)*	*Prétérit*	*Participe passé*	*Traduction française*
mögen	**mag**	**mochte**	**gemocht**	*aimer*
müssen	**muss**	**musste**	**gemusst**	*devoir (être obligé)*
nehmen	**nimmt**	**nahm**	**genommen**	*prendre*
schlafen	**schläft**	**schlief**	**geschlafen**	*dormir*
schließen		**schloss**	**geschlossen**	*fermer*
schreiben		**schrieb**	**geschrieben**	*écrire*
schwimmen		**schwamm**	**ist geschwommen**	*nager*
sehen	**sieht**	**sah**	**gesehen**	*voir*
sein	**ist**	**war**	**ist gewesen**	*être*
singen		**sang**	**gesungen**	*chanter*
sitzen		**saß**	**gesessen**	*être assis*
sollen	**soll**	**sollte**	**gesollt**	*devoir (obligation morale)*
sprechen	**spricht**	**sprach**	**gesprochen**	*parler*
stehen		**stand**	**gestanden**	*être debout*
sterben	**stirbt**	**starb**	**ist gestorben**	*mourir*
tragen	**trägt**	**trug**	**getragen**	*porter*
treffen	**trifft**	**traf**	**getroffen**	*rencontrer*
trinken		**trank**	**getrunken**	*boire*
tun		**tat**	**getan**	*faire*
vergessen	**vergisst**	**vergaß**	**vergessen**	*oublier*
verlieren		**verlor**	**verloren**	*perdre*
verstehen		**verstand**	**verstanden**	*comprendre*
waschen	**wäscht**	**wusch**	**gewaschen**	*laver*
werden	**wird**	**wurde**	**ist geworden**	*devenir*
wissen	**weiß**	**wusste**	**gewusst**	*savoir*
wollen	**will**	**wollte**	**gewollt**	*vouloir*

Index